기 본 탄 탄
으뜸
중국어

다락원

저자의 말

　중국어를 한번쯤 배워 보고 싶은 사람들은 많습니다. 하지만 중국어 공부에 많은 시간을 쏟기 힘들고, 중국어는 배우기 어렵다는 편견에 많은 사람들이 중국어 학습에 선뜻 발을 들이기 두려워합니다. 『기본 탄탄 으뜸 중국어』는 바로 이런 분들에 초점을 맞춰 저술된 교재로, 다음과 같은 특징이 있습니다.

　첫째, 일상생활에서 빈번하게 일어나는 상황으로 회화를 구성했습니다. 회화 속 문장은 어법에 얽매이지 않으면서도 어법의 재생 기능에 충실하며 다양한 상황에 대응하는 표현들로 이루어져 있습니다. 따라서 학습자들이 여러 표현을 활용해 자신의 상황을 나타낼 수 있고, 아울러 상대방으로부터 적절한 응답을 이끌어 내는 능력을 키울 수 있습니다.

　둘째, 본서는 듣기·말하기·읽기·쓰기 영역을 유기적으로 다루고 있으며 그중에서도 특히 듣기와 말하기 두 가지 방면을 집중적으로 훈련할 수 있도록 했습니다. 외국어 학습 과정에 근거한 연습 문제를 통해 듣기·말하기·읽기·쓰기 실력을 골고루 다지고, 회화에서 배운 표현을 확장할 수 있습니다. 또한 각각의 문제들이 상호작용을 하며 듣기와 말하기 훈련의 수준을 한층 높입니다.

　셋째, 매 과마다 중국 문화나 추가적으로 알아야 할 어휘를 소개하여 학습자의 중국에 대한 이해를 도울 수 있도록 하였습니다.

　이러한 특징을 담은 『기본 탄탄 으뜸 중국어』를 통해 중국어 입문자도 비교적 짧은 시간 내에 중국어 발음과 기본 표현을 마스터할 수 있을 것입니다. 중국어 학습에 의지가 있고, 중국을 이해하는 데 뜻을 가지고 있는 학습자들에게 본 교재가 디딤돌이 될 수 있기를 희망합니다.

저자 일동

회화+새 단어

일상생활에서 나눌 수 있는 가벼운 소재로 회화를 구성하였다. 또한 새 단어의 한어병음, 품사, 뜻을 정리한 것을 참고하여 회화와 주요 표현 안에서 단어가 어떻게 활용되는지 확인할 수 있다.

주요 표현

회화에서 다룬 주요 표현들을 간결하게 정리하고 설명하였다. 설명과 함께 소개한 예문을 통해 핵심 표현의 용법을 확실히 익힐 수 있다. 주요 표현에서 나오는 새 단어 역시 한어병음과 뜻을 달아 두어 학습자가 쉽게 이해할 수 있도록 하였다.

▶ 바로바로 확인

  정해진 정답 없이 학습한 주요 표현을 응용하여 자유롭게 문장을 만들어 볼 수 있도록 하였다.

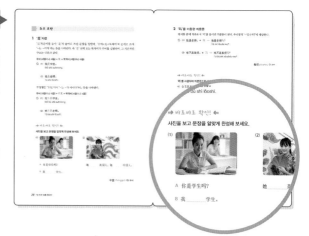

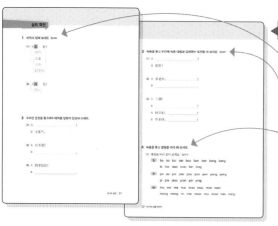

실력 확인

● 교체 연습 문제를 통해 회화 실력을 향상시킬 수 있다.

● 해당 과에서 배운 표현들을 대화 완성 문제와 듣기 문제 등을 통해 다시 복습할 수 있다.

● 1~4과는 발음 연습 문제가 별도로 있어, 발음을 확실하게 짚고 넘어갈 수 있다.

플러스 상식

각 과의 내용과 관련된 중국의 문화 이야기나 추가로 배울 수 있는 어휘를 제시하였다. 중국에 관한 상식을 넓힐 수 있고, 다양한 어휘를 확장하여 학습할 수 있다.

간체자 연습

주의해서 써 봐야 할 간체자를 획순을 참고하여 연습해 볼 수 있다.

복습

전체 20과 중 5, 10, 15, 20과는 복습과로 구성하였다. 매 4단원마다 학습한 내용을 되짚어 보며 실력을 다질 수 있다.

● 회화에서 배운 표현을 요약하여 한 문장으로 말해 보는 연습을 할 수 있다.

MP3 음원 이용 안내

▶ 본문에 MP3의 해당 트랙 번호가 기재되어 있습니다.

▶ PC와 모바일에서 모두 이용 가능합니다.

PC	다락원 홈페이지(www.darakwon.co.kr)에 로그인한 후, '학습자료' 메뉴를 클릭합니다. 검색창에서 '기본 탄탄 으뜸 중국어'를 검색합니다. [전체 ▼ 기본 탄탄 으뜸 중국어 ▼ Q검색] 다운로드 아이콘 🔽을 클릭한 후, MP3 목록에서 원하는 트랙을 이용합니다.
모바일	스마트폰으로 QR코드를 스캔합니다. MP3 목록에서 원하는 트랙을 이용합니다.

이 책의 표기 규칙

이 책에 나오는 중국의 지명이나 건물, 기관, 관광명소의 명칭 등은 중국어 발음을 한국어로 표기하는 것을 원칙으로 하였다. 단, 우리에게 한자발음으로 잘 알려진 것에 한하여 한자발음으로 표기하였다.

예 北京 베이징　　长城 만리장성

인명의 경우, 각 나라에서 실제로 읽히는 발음을 기준으로 하여 한국어로 그 발음을 표기하였다.

예 金美恩 김미은　　保罗 바울　　周文彬 저우원빈

● 품사 약어표

품사명	약어	품사명	약어	품사명	약어
명사	명	고유명사	고유	형용사	형
동사	동	어기조사	조	감탄사	감
수사	수	동태조사	조	접속사	접
부사	부	구조조사	조	조동사	조동
개사	개	대명사	대	양사	양
접두사	접두	접미사	접미		

이 책의 등장인물

李老师 Lǐ lǎoshī
이 선생님

王诗灵 Wáng Shīlíng
왕스링

朴永俊 Piáo Yǒngjùn
박영준

周文彬 Zhōu Wénbīn
저우원빈

金美恩 Jīn Měi'ēn
김미은

保罗 Bǎoluó
바울

목차

발음편

중국어 기초 상식

중국어의 발음

중국어 기초 상식

우리가 배우는 중국어

중국은 한족(汉族)과 55개의 소수 민족으로 이루어진 다민족 국가이므로, 중국어를 '中国语'라고 하면 소수 민족의 언어까지 모두 포함하는 의미가 된다. 따라서 중국에서는 중국어를 보통 '한족의 언어'라는 의미로 '한어(汉语 Hànyǔ)'라고 한다. 한어에는 각 지역의 방언이 포함되어 있는데, 각 방언들은 의사소통이 어려울 정도로 지역 간 차이가 심해 국민 통합과 경제 발전에 큰 장애가 되었다. 이를 해결하기 위해 중국 정부는 전 국민이 공통으로 사용할 수 있는 표준어를 정했다. 이 표준어를 '보통화(普通话)'라고 한다. 보통화는 '베이징(北京)어 음을 표준으로 하고, 북방 방언(北方方言)을 기초 방언으로 하며, 모범적인 현대 백화문 저작을 어법의 규범으로 한다.'라는 원칙으로 제정되었다.

간체자

중국에서는 간체자(简体字 jiǎntǐzì)를 중국어의 표기 수단으로 삼는다. 간체자란 번체자(繁体字 fántǐzì)의 복잡한 한자 점획을 쓰기 편하고 쉽게 외울 수 있도록 간단하게 변형시킨 글자를 말한다.

번체자 → 간체자

한어병음

중국어는 각 글자마다 고유의 음을 가지고 있는데 이를 음절이라고 한다. 중국어의 음절은 성모와 운모, 성조로 구성되는데 이 세 가지를 통틀어서 '한어병음'이라고 한다. 한어병음은 알파벳 기호를 사용하기는 하지만 영어의 발음 방법과는 차이가 있으니 유의해야 한다.

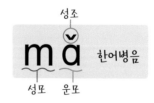

성조 / 성모 / 운모 / 한어병음

중국어의 발음

성모 🎧001

성모란 음절의 첫 부분에 오는 자음을 말한다. 보통화에는 21개의 성모가 있다.

양순음 双脣音   b(o)   p(o)   m(o)

순치음 脣齒音   f(o)

설첨음 舌尖音   d(e)   t(e)   n(e)   l(e)

설근음 舌根音   g(e)   k(e)   h(e)

설면음 舌面音   j(i)   q(i)   x(i)

권설음 卷舌音   zh(i)   ch(i)   sh(i)   r(i)

설치음 舌齒音   z(i)   c(i)   s(i)

운모 🎧002

운모란 중국어 음절에서 성모를 제외한 나머지 부분을 말한다.

단운모	a o e i u ü

복운모	ai ao ei ou

비운모	an en ang eng ong

'i' 결합운모	ia ie iao iou(iu) ian in iang ing iong

'u' 결합운모	ua uo uai uei(ui) uan uen(un) uang ueng

'ü' 결합운모	üe üan ün

권설운모	er

주의해야 할 표기

❶ 단운모 'i', 'u', 'ü'가 단독으로 하나의 음절을 이룰 때는 각각 'yi', 'wu', 'yu'로 표기한다.

  예) i → yi   u → wu   ü → yu

❷ 성모 없이 운모 'i'로 음절이 시작할 때는 'i'를 'y'로 바꿔 표기한다.

  예) ia → ya   ie → ye   iao → yao   ian → yan   iang → yang   iong → yong

❸ 'in', 'ing'이 단독으로 음절을 이룰 경우에는 그 앞에 'y'를 덧붙여야 한다.

  예) yin   ying

❹ 'u'로 시작하는 운모 앞에 성모가 오지 않으면 'u'를 'w'로 표기한다.

  예) ua→ wa   uo→wo   uai→wai   uei→wei   uan→wan   uen→wen
  uang→wang   ueng → weng

❺ 'ü'로 시작되는 운모 앞에 성모가 오지 않을 경우에는 'ü'를 'yu'로 바꾸어 표기한다.

  예) üe→yue   üan→yuan   ün→yun

❻ 'j', 'q', 'x'가 운모 'ü'와 결합하면 'ü'를 'u'로 바꾸어 표기한다.

  예) jun   que   xuan

❼ 'iou'는 성모와 결합하면 'iu'로 바꾸어 표기하며, 'uei'나 'uen'이 성모와 함께 쓰이면 'e'는 생략한다.

  예) j+iou → jiu   sh+uei → shui   h+uei → hui   k+uen → kun   ch+uen → chun

성조 🎧003

성조란 중국어 음절에서 음의 높낮이를 말한다. 기본적으로 제1성, 제2성, 제3성, 제4성 이렇게 네 개의 성조가 있고, 짧고 가볍게 발음하는 경성이 있다. 성조에 따라 뜻이 달라지기 때문에 중국어에서 성조는 아주 중요하다.

제1성 높고 평평한 음을 유지한다.

mā 妈

제2성 중간 음에서 가장 높은음으로 끌어올린다.

má 麻

제3성 낮은음에서 가장 낮은음까지 내렸다가 다시 중간 음으로 올리는 소리이다.

mǎ 马

제4성 가장 높은음에서 가장 낮은음으로 빠르게 끌어내리는 소리이다.

mà 骂

성조 표기법

성조는 운모 중에서 a, o, e, i, u, ü 위에 표기하는데, 그 순서는 a > o = e > i = u = ü 이다. 예를 들어 'a'와 'o'가 같이 나오면 'a' 위에, 'e'와 'i'가 같이 나올 경우에는 'e' 위에 성조를 표기한다.

예 kǎo   shéi   guā

단, 'i'와 'u'가 같이 나올 때는 뒤에 오는 운모 위에 표기한다.

예 liù   chuī

성조의 변화 🔊004

- ### 제3성의 변화

  한 단어에서 제3성이 연이어 나올 때 앞에 나오는 제3성은 제2성으로 발음한다. 하지만 표기는 원래의
  성조로 한다.

  📻 nǐ hǎo(你好)

  제3성이 제1성, 제2성, 제4성, 경성 앞에 놓이면 반3성이 된다. 반3성은 제3성의 낮게 떨어지는 앞부분
  까지만 발음하고 올라가는 뒷부분은 발음하지 않는 것을 말한다. 마찬가지로 표기는 원래 성조대로 한다.

  📻 Měiguó(美国)   lǎoshī(老师)   kě'ài(可爱)   nǎinai(奶奶)

  *격음부호('): 뒤 음절이 운모 a, o, e로 시작하는 경우, 음절을 정확히 구분하기 위해 사용한다.

- ### '一'의 성조 변화

  '一'가 서수나 단독으로 쓰일 때는 원래의 성조인 제1성으로 읽는다.

  📻 dì yī(第一)   yī yuè(一月)

  그러나 '一'가 제4성이나 제4성이 경성으로 변한 글자 앞에 오면 제2성으로 발음한다.

  📻 yí cì(一次)   yí ge(一个)

  또 '一'가 제1성, 제2성, 제3성 앞에 오면 제4성으로 읽는다.

  📻 yìtiān(一天)   yìnián(一年)   yìbǎi(一百)

- ### '不'의 성조 변화

  '不'는 제4성이나 제4성이 경성으로 변한 글자 앞에서 제2성으로 발음한다.

  📻 bú yào(不要)   bú qù(不去)

  그러나 '不' 뒤에 제1성, 제2성, 제3성이 올 때는 원래의 성조인 제4성으로 발음한다.

  📻 bù chī(不吃)   bù máng(不忙)   bù hǎo(不好)

你好!

안녕하세요!

회화

❶ 🎧 005

金美恩 **你好!**
Nǐ hǎo!

周文彬 **你好!**
Nǐ hǎo!

金、周 **李老师，您好!**
Lǐ lǎoshī, nín hǎo!

李老师 **你们好!**
Nǐmen hǎo!

金美恩 **谢谢!**
Xièxie!

周文彬 **不客气。**
Bú kèqi.

王诗灵 **对不起!**
Duìbuqǐ!

朴永俊 **没关系。**
Méi guānxi.

❷ 🎧006

老师	同学们好! Tóngxuémen hǎo!
学生们	老师好! Lǎoshī hǎo!
老师	现在上课! Xiànzài shàngkè!

老师	下课! Xiàkè!
学生们	谢谢老师! Xièxie lǎoshī!
老师	同学们, 再见! Tóngxuémen, zàijiàn!
学生们	老师, 再见! Lǎoshī, zàijiàn!

새 단어 🎧007

회화

你 nǐ 때 너, 자네

好 hǎo 형 안녕하다, 좋다

老师 lǎoshī 명 선생님, 스승

您 nín 때 당신 [你의 존칭]

们 men 접미 ~들

谢谢 xièxie 통 감사합니다, 고맙습니다

不客气 bú kèqi 별말씀을요, 천만에요

对不起 duìbuqǐ 통 미안합니다, 죄송합니다

没关系 méi guānxi 괜찮습니다

同学 tóngxué 명 학교 친구, 동학

学生 xuésheng 명 학생

现在 xiànzài 명 지금, 현재

上课 shàngkè 통 수업하다

下课 xiàkè 통 수업을 마치다

再见 zàijiàn 통 안녕, 또 뵙겠습니다

주요 표현

猫 māo 명 고양이

学校 xuéxiào 명 학교

大家 dàjiā 때 여러분, 모두

早上 zǎoshang 명 아침

明天 míngtiān 명 내일

 • '同学 tóngxué'는 같은 학교나 같은 반에서 공부하는 사람을 가리키는 말이며, '学生 xuésheng'은 학생을 두루 일컫는 말이다.

1 인칭대명사

사람이나 사물을 대신해서 가리키는 말을 '인칭대명사'라고 한다. 중국어의 인칭대명사 뒤에 접미사 '们'을 붙여 복수형을 나타낼 수 있다. 하지만 '您'에는 '们'을 붙이지 않는다는 점에 유의한다.

	단수	복수
1인칭	我 wǒ 나	我们 wǒmen 우리들
2인칭	你 nǐ 너 / 您 nín 당신	你们 nǐmen 너희들
3인칭	他 tā 그	他们 tāmen 그들
	她 tā 그녀	她们 tāmen 그녀들
	它 tā 그, 그것, 저, 저것	它们 tāmen 그것들, 저것들

'们'은 사람의 복수를 나타내는 말로, 동물이나 사물에는 '们'을 붙이지 않는다. 단, '它们'은 예외이다.

예 同学们 (○)   老师们 (○)
　 猫们 (×)   学校们 (×)

猫 māo 명 고양이 | 学校 xuéxiào 명 학교

⑪▶ 바로바로 확인! ◀⑪

빈칸에 '们'을 넣어 문장을 완성해 보세요.

(1) 你_____好!

(2) 老师_____好!

2 만났을 때 하는 인사

'你好!'는 가장 일반적인 인사말로 '안녕하세요'에 해당한다. 처음 만난 사람이나 아는 사람에게 두루 쓸 수 있다. '你'의 높임말인 '您'을 사용한 '您好!'는 보다 정중한 표현이다. 보통 어른이나 자신보다 지위가 높은 사람에게 사용하며, 처음 만난 사람에게도 할 수 있는 인사이다. 그 밖에 '好' 앞에 사람이나 시간을 나타내는 말을 붙여서 다양한 인사 표현을 할 수 있다.

예 (1) A 你好!
   Nǐ hǎo!

B 金美恩，你好!
   Jīn Měi'ēn, nǐ hǎo!

(2) A 大家好!
   Dàjiā hǎo!

B 老师好!
   Lǎoshī hǎo!

(3) A 早上好!
   Zǎoshang hǎo!

B 早上好!
   Zǎoshang hǎo!

大家 dàjiā 때 여러분, 모두 | **早上** zǎoshang 명 아침

⬤▶ 바로바로 확인! ◀⬤

대화를 알맞게 완성해 보세요.

A 你好!

B _____!

3 감사의 표현

'谢谢'는 '고맙습니다', '감사합니다'라는 뜻의 감사 인사 표현이다. '谢谢' 뒤에 감사의 대상을 넣어서 '谢谢+대상'으로 표현할 수도 있다. 감사 인사에 대한 대답은 보통 '不客气!'라고 하는데, 같은 의미의 다른 표현으로는 '감사할 것 없다'라는 뜻의 '不用谢! Búyòng xiè!', '괜찮다'라는 뜻의 '没事儿! Méi shìr!' 등이 있다.

예 (1) A 谢谢你!
　　　Xièxie nǐ!

B 不客气!
　Bú kèqi!

(2) A 谢谢老师!
　　Xièxie lǎoshī!

B 不用谢!
　Búyòng xiè!

⫸ 바로바로 확인! ⫷

대화를 알맞게 완성해 보세요.

A 谢谢!

B ＿＿＿＿＿＿＿＿＿＿＿＿!

4 헤어질 때 하는 인사

'再见'은 헤어질 때 하는 인사말로 '잘 가', '또 만나'라는 뜻이다. '만나다'라는 뜻을 가진 '见' 앞에 구체적인 시간을 나타내는 말을 넣어 다양한 인사 표현을 만들 수 있다.

예 A 明天见!
　Míngtiān jiàn!

B 明天见!
　Míngtiān jiàn!

明天 míngtiān 명 내일

⫸ 바로바로 확인! ⫷

대화를 알맞게 완성해 보세요.

A 再见!

B ＿＿＿＿＿＿＿＿＿＿＿＿!

1 바꿔서 말해 보세요. 🔊008

(1) ▸ 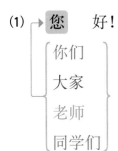 您　好!

    你们
    大家
    老师
    同学们

(2) ▸ 再　见!
    {明天}

2 주어진 문장을 참고하여 대화를 알맞게 완성해 보세요.

(1) A _____!

    B 不客气。

(2) A 对不起!

    B _____。

(3) A 同学们好!

    B _____。

3 녹음을 듣고 빈칸에 녹음 내용과 일치하는 표현을 써 보세요. 🎧009

(1) A _____ !

    B 你好!

(2) A 李老师, _____ !

    B _____ 。

(3) A 下课!

    B _____ !

    A 同学们, _____ !

    B 李老师, _____ !

4 녹음을 듣고 발음을 따라 해 보세요.

(1) 한어병음을 따라 읽어 보세요. 🎧010

    b   ba   bo   bai   bei   bao   ban   ben   bang   beng
          bi   bie   biao   bian   bin   bing

    p   pa   po   pai   pao   pou   pan   pen   pang   peng
          pi   pie   piao   pian   pin   ping

    m   ma   mo   me   mai   mao   mou   man   men
          mang   meng   mi   mie   miao   miu   mian   min   ming

| f | fa fo fei fou fan fen fang feng |

| d | da de dai dei dao dou dan dang deng |
| | di die diao diu dian ding |

| t | ta te tai tao tou tan tang teng |
| | ti tie tiao tian ting |

| n | na nai nei nao nuo nen nang neng |
| | ni nie niao niu nian nin niang ning |

| l | la le lai lei lao lou lan lang leng |
| | li lia lie liao liu lian lin liang ling |

(2) 성모에 유의하여 두 발음을 구분해 보세요. 🎧011

① bā − pā   ② bī − pī   ③ mā − fā   ④ mō − fō

⑤ dā − tā   ⑥ dī − tī   ⑦ nā − lā   ⑧ nē − lē

(3) 운모에 유의하여 두 발음을 구분해 보세요. 🎧012

① bā − bō   ② mā − mō   ③ lū − lǖ   ④ nǔ − nǚ

⑤ bō − dē   ⑥ fō − lē   ⑦ nā − nē   ⑧ lā − lē

⑨ lǐ − lǚ   ⑩ nǐ − nǚ   ⑪ bǒ − bǔ   ⑫ fó − fú

● 중국 알기 ●

중국의 공식 명칭은 중화인민공화국(中华人民共和国 Zhōnghuá Rénmín Gònghéguó)이며, 수도는 2008년 제29회 올림픽이 개최되었던 베이징(北京 Běijīng)이다. 1949년 10월 1일 마오쩌둥이 천안문에서 중화인민공화국의 성립을 선포하였다.

중국 국토의 총면적은 약 960만km²로 러시아, 캐나다, 미국에 이어 세계에서 네 번째로 크다. 인구는 약 13억 5천만 명으로 세계에서 가장 인구가 많은 나라이다.

중국은 한족과 55개의 소수 민족으로 구성된 다민족 국가이며, 이중 한족이 전체 인구의 약 92%를 차지하고 있다. 중국인들은 일반적으로 자국의 언어를 '한어(汉语 Hànyǔ)'라고 하는데, '한족이 사용하는 언어'라는 뜻이다. 한어에는 여러 종류의 방언이 포함되어 있다. 그런데 각 방언 간에 차이가 심해서 의사소통이 원활하지 못했고, 이는 곧 국민통합과 경제발전에 큰 장애가 되었다. 따라서 중국 정부는 이러한 한계를 극복하기 위해 표준어를 만들어 보급했고, 이를 '보통화'라고 한다.

중국은 현재 베이징, 텐진, 상하이, 충칭 등 4개의 직할시와 23개의 성, 5개의 자치구, 홍콩, 마카오 등 2개의 특별행정구로 나눠져 있다.

획순에 주의해서 써 보세요.

您
nín
ノ　亻　亻　亻　个　价　你　你　您　您　您

好
hǎo
㇀　女　女　妤　好　好

老
lǎo
一　十　土　耂　考　老

师
shī
丨　丿　丆　𠂤　师　师

学
xué
丶　丷　丷　丷　学　学　学

谢
xiè
丶　讠　讠　讠　讥　讷　诮　谢　谢　谢　谢

再
zài
一　厂　冂　冃　再　再

见
jiàn
丨　冂　贝　见

你是留学生吗?

너는 유학생이니?

회화

1 🎧013

李老师   你是留学生吗?
              Nǐ shì liúxuéshēng ma?

朴永俊   我是留学生。
              Wǒ shì liúxuéshēng.

李老师   他也是留学生吗?
              Tā yě shì liúxuéshēng ma?

朴永俊   是,我们都是留学生。
              Shì, wǒmen dōu shì liúxuéshēng.

2 🔊014

李老师　你是哪国人？
　　　　Nǐ shì nǎ guó rén?

金美恩　我是韩国人。
　　　　Wǒ shì Hánguó rén.

李老师　他也是韩国人吗？
　　　　Tā yě shì Hánguó rén ma?

金美恩　他不是韩国人，他是英国人。
　　　　Tā bú shì Hánguó rén, tā shì Yīngguó rén.

새 단어 🔊015

회화

是 shì 〔동〕 ～이다

留学生 liúxuéshēng 〔명〕 유학생

吗 ma 〔조〕 문장 끝에 쓰여 의문을 나타냄

也 yě 〔부〕 ～도

都 dōu 〔부〕 모두, 다

哪 nǎ 〔대〕 어느

国 guó 〔명〕 나라, 국가

人 rén 〔명〕 사람

韩国 Hánguó 〔고유〕 한국

不 bù 〔부〕 동사, 형용사와 기타 부사 앞에서
　　　　　　　 부정(否定)을 나타냄

英国 Yīngguó 〔고유〕 영국

주요 표현·실력 확인

中国 Zhōngguó 〔고유〕 중국

教授 jiàoshòu 〔명〕 교수

日本 Rìběn 〔고유〕 일본

位 wèi 〔양〕 분, 명 [공경의 뜻을 가짐]

班长 bānzhǎng 〔명〕 반장

美国 Měiguó 〔고유〕 미국

大学生 dàxuéshēng 〔명〕 대학생

1 '是'자문

'是'자문이란 동사 '是'가 술어로 쓰인 문장을 말한다. '주어+是+목적어'의 순서로 쓰여 '~는 ~이다'라는 뜻을 나타낸다. 즉 '是' 뒤에 오는 목적어가 주어를 설명하며, 그 기본적인 구조는 다음과 같다.

주어(사람이나 사물) + 是 + 목적어(사람이나 사물)

예 (1) 我是学生。
　　 Wǒ shì xuésheng.

　 (2) 他是老师。
　　 Tā shì lǎoshī.

부정형은 '不是'이며 '~는 ~가 아니다'라는 뜻을 나타낸다.

주어(사람이나 사물) + 不是 + 목적어(사람이나 사물)

예 (1) 我不是学生。
　　 Wǒ bú shì xuésheng.

　 (2) 他不是老师。
　　 Tā bú shì lǎoshī.

▶ 바로바로 확인! ◀

사진을 보고 문장을 알맞게 완성해 보세요.

(1)

A 你是学生吗?

B 我_____学生。

(2)

她_____英国人，她_____中国人。

中国 Zhōngguó 고유 중국

2 '吗'를 이용한 의문문

평서문 끝에 의문조사 '吗'를 붙이면 의문문이 된다. 우리말의 '~입니까?'에 해당한다.

例 (1) 他是老师。 + 吗 → 他是老师吗?
　　　　　　　　　　　　Tā shì lǎoshī ma?

(2) 他不是教授。 + 吗 → 他不是教授吗?
　　　　　　　　　　　　Tā bú shì jiàoshòu ma?

教授 jiàoshòu 명 교수

▷ 바로바로 확인! ◁

'吗'를 사용하여 의문문으로 바꿔 보세요.

(1) 金美恩是留学生。

　　＿＿＿＿＿＿＿＿＿＿＿＿＿＿＿?

(2) 他不是老师。

　　＿＿＿＿＿＿＿＿＿＿＿＿＿＿＿?

3 의문대명사 '哪'

'어느', '어떤'이라는 뜻의 의문대명사 '哪'를 사용해 의문문을 만들 수 있다. 이때는 문장 끝에 '吗'를 붙이지 않는다.

(1) A 你是哪国人?
      Nǐ shì nǎ guó rén?

   B 我是日本人。
      Wǒ shì Rìběn rén.

(2) A 您是哪位?
      Nín shì nǎ wèi?

   B 我是金美恩。
      Wǒ shì Jīn Měi'ēn.

日本 Rìběn 고유 일본 | 位 wèi 양 분, 명 [공경의 뜻을 가짐]

▶ 바로바로 확인! ◀

'哪'가 들어갈 알맞은 위치를 찾아 표시해 보세요.

(1) A 你 B 是 C 国人 D ?

(2) A 他 B 是 C 位 D ?

1 바꿔서 말해 보세요. 🎧016

(1)

我 是 学生。
他 韩国人
他们 老师

(2)

她 是 班长 吗?
他 美国人
他们 大学生

班长 bānzhǎng 몡 반장 | 美国 Měiguó 고유 미국
大学生 dàxuéshēng 몡 대학생

2 주어진 문장을 참고하여 알맞게 대화를 완성해 보세요.

(1) A _____?

    B 他也是学生。

(2) A 你是哪国人?

    B _____。

3 녹음을 듣고 빈칸에 녹음 내용과 일치하는 표현을 써 보세요. 🎧017

(1) A 你_____留学生_____?

   B 我_____留学生。

(2) A 他_____韩国人吗?

   B 他_____韩国人，他是_____。

4 녹음을 듣고 발음을 따라 해 보세요.

(1) 한어병음을 따라 읽어 보세요. 🎧018

g	ga ge gai gei gao gou gan gen gang geng
k	ka ke kai kou kan ken kang keng
h	ha he hai hei hao hou hen hang heng
j	ji jia jie jiao jiu jian jin jiang jing
q	qi qia qie qiao qiu qian qin qiang qing
x	xi xia xie xiao xiu xian xin xiang xing

(2) 성모에 유의하여 두 발음을 구분해 보세요. 🎧019

　① gē – kē　　　② gā – kā　　　③ kē – hē

　④ kā – hā　　　⑤ gē – hē　　　⑥ gā – hā

　⑦ jī – qī　　　⑧ jū – qū　　　⑨ qī – xī

　⑩ qū – xū　　　⑪ jī – xī　　　⑫ jū – xū

(3) 운모에 유의하여 두 발음을 구분해 보세요. 🎧020

　① bāi – bēi　　② māo – mōu　　③ dāi – dāo

　④ dāi – dēi　　⑤ pān – pāng　　⑥ pēn – pēng

　⑦ mān – mēn　　⑧ māng – mēng

● 세계 여러 나라의 이름 ●

中国 Zhōngguó 중국

韩国 Hánguó 한국

美国 Měiguó 미국

英国 Yīngguó 영국

德国 Déguó 독일

法国 Fǎguó 프랑스

荷兰 Hélán 네덜란드

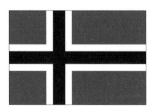

挪威 Nuówēi 노르웨이

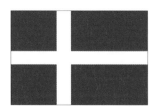

丹麦 Dānmài 덴마크

比利时 Bǐlìshí 벨기에

加拿大 Jiānádà 캐나다

俄罗斯 Éluósī 러시아

획순에 주의해서 써 보세요.

是
shì

丨 冂 日 旦 早 早 昂 是

生
shēng

丿 ⺊ 宀 牛 生

吗
ma

丨 冂 叮 叮 吗 吗

哪
nǎ

丨 冂 叮 叮 叮 叮 哪 哪 哪

人
rén

丿 人

韩
hán

一 十 广 古 古 古 直 卓 乾 乾 乾 韩

国
guó

丨 冂 冂 月 用 用 国 国

也
yě

⺄ 刀 也

你叫什么名字?

네 이름은 무엇이니?

회화

1 🎧 021

李老师 **你好，你叫什么名字?**
Nǐ hǎo, nǐ jiào shénme míngzi?

金美恩 **老师，您好! 我叫金美恩。**
Lǎoshī, nín hǎo! Wǒ jiào Jīn Měi'ēn.

李老师 **他呢?**
Tā ne?

金美恩 **他叫周文彬。**
Tā jiào Zhōu Wénbīn.

② 🎧022

李老师　汉语难吗?
　　　　Hànyǔ nán ma?

金美恩　汉语不难。
　　　　Hànyǔ bù nán.

李老师　作业多吗?
　　　　Zuòyè duō ma?

金美恩　作业很多。
　　　　Zuòyè hěn duō.

새 단어 🎧023

회화

叫 jiào 동 ～라고 부르다

什么 shénme 대 무슨, 무엇

名字 míngzi 명 이름

呢 ne 조 ～는요?

汉语 Hànyǔ 명 중국어

难 nán 형 어렵다, 힘들다

作业 zuòyè 명 숙제, 과제

多 duō 형 많다

很 hěn 부 매우, 아주

주요 표현

贵姓 guìxìng 명 성, 성씨

姓 xìng 명 성, 성씨 동 성이 ～이다

写 xiě 동 쓰다

汉字 Hànzì 명 한자

北京大学 Běijīng Dàxué 고유 베이징대학교

漂亮 piàoliang 형 예쁘다, 아름답다

帅 shuài 형 잘생기다, 멋지다

天气 tiānqì 명 날씨

热 rè 형 덥다

冷 lěng 형 춥다

 • 您贵姓? Nín guìxìng? 성함이 어떻게 되십니까?
　　　상대방의 성씨를 물을 때 쓰는 존칭 표현으로, 보통 초면에 이름을 물어볼 때 사용한다.
　　• 你姓什么? Nǐ xìng shénme? 너의 성은 무엇이니?
　　　보통 동년배나 아랫사람에게 성씨를 물을 때 사용한다.

1 의문대명사 '什么'

'什么'는 '무슨', '어떤' 등의 뜻을 나타내는 의문대명사로 보통 명사 앞에 놓인다. '什么'를 목적어 자리에 놓아 무엇인지 묻는 질문을 만들 수도 있다. '哪'와 마찬가지로 '什么'를 사용한 의문문에는 '吗'를 붙이지 않는다.

예 (1) A 他是什么老师?
　　　　Tā shì shénme lǎoshī?

　　　 B 他是汉语老师。
　　　　Tā shì Hànyǔ lǎoshī.

(2) A 他姓什么?
　　　Tā xìng shénme?

　　 B 他姓金。
　　　Tā xìng Jīn.

(3) A 作业是什么?
　　　Zuòyè shì shénme?

　　 B 作业是写汉字。
　　　Zuòyè shì xiě Hànzì.

姓 xìng 명 성, 성씨 | 写 xiě 동 쓰다 | 汉字 Hànzì 명 한자

▶ 바로바로 확인! ◀

'什么'를 넣어 문장을 완성해 보세요.

(1) A 那是_____大学?

　　 B 那是北京大学。

(2) A 你写_____?

　　 B 我写汉字。

(3) A 汉语作业是_____?

　　 B 作业是写汉字。

北京大学 Běijīng Dàxué 고유 베이징대학교

2 의문조사 '呢'

'呢'는 앞에서 말한 화제를 이어받아 상대방에게 되물어볼 때 사용한다. 이미 언급된 내용을 반복하지 않고 짧게 질문할 수 있다.

(1) 他是韩国人，你呢？
Tā shì Hánguó rén, nǐ ne?

(2) 你是学生，他呢？
Nǐ shì xuésheng, tā ne?

3 형용사술어문

문장 전체의 술어가 형용사나 형용사구로 이루어진 문장을 말하며, 형용사가 술어로 쓰일 때는 '是'를 붙이지 않는다. 긍정문에서는 술어인 형용사가 간단한 경우 보통 형용사 앞에 부사 '很'을 붙인다. 부정문에서는 형용사 앞에 '不'를 붙여 준다.

(1) 汉语很难。 汉语不难。
Hànyǔ hěn nán. Hànyǔ bù nán.

(2) 作业很多。 作业不多。
Zuòyè hěn duō. Zuòyè bù duō.

Ⅱ▶ 바로바로 확인! ◀Ⅱ

단어를 올바르게 배열하여 문장을 만들어 보세요.

(1) 漂亮 　　 很 　　 金美恩

　　　　　　　　　　　　　　　　　。

(2) 很 　　 他 　　 帅

　　　　　　　　　　　　　　　　　。

漂亮 piàoliang 〔형〕예쁘다, 아름답다 | 帅 shuài 〔형〕잘생기다, 멋지다

4 정도부사 '很'

'很'은 '매우'라는 뜻의 부사이지만 보통 단음절 형용사 술어 앞에 큰 의미 없이 습관적으로 붙이는 경우가 많다. 즉 정도를 나타내는 의미가 거의 없이 구조적인 측면에서 음절 수를 맞추어 주는 역할을 한다고 볼 수 있다. 따라서 이런 경우에는 '매우'라고 강조하여 해석하지 않는 것이 자연스럽다.

예 (1) 作业很多。
Zuòyè hěn duō.

作业很难。
Zuòyè hěn nán.

(2) 天气很热。
Tiānqì hěn rè.

天气很冷。
Tiānqì hěn lěng.

天气 tiānqì 명 날씨 | 热 rè 형 덥다 | 冷 lěng 형 춥다

▶ 바로바로 확인! ◀

다음 문장을 중국어로 번역해 보세요.

(1) 숙제가 많다.

_____ 。

(2) 중국어는 어렵다.

_____ 。

1 바꿔서 말해 보세요. 🎧024

(1)

(2)

2 주어진 질문에 알맞게 대답해 보세요.

(1) A 你叫什么名字?

　　B _____ 。

(2) A 汉语难吗?

　　B _____ 。

(3) A 作业多吗?

　　B _____ 。

3 단어를 올바르게 배열하여 문장을 만들어 보세요.

(1) 吗　　　汉语　　　难

_____?

(2) 叫　　　他　　　名字　　　什么

_____?

4 녹음을 듣고 빈칸에 녹음 내용과 일치하는 표현을 써 보세요. 🎧025

(1) A 你叫_____?

　　B 我叫金美恩。

　　A _____?

　　B 他叫周文彬。

(2) A 汉语_____吗?

　　B 汉语_____。

　　A 作业_____吗?

　　B 作业_____多。

5 녹음을 듣고 발음을 따라 해 보세요.

(1) 한어병음을 따라 읽어 보세요. 🎧026

| zh | zha zhe zhi zhai zhao zhou zhan zhen zhang zheng |

| ch | cha che chi chai chou chan chen chang cheng |

| sh | sha she shi shai shao shou shan shen shang sheng |

| r | re ri rao rou ran ren rang reng |

| z | za ze zi zai zao zou zang zeng |

| c | ca ce ci cai cao cou can cen cang ceng |

| s | sa se si sai sao sou san sen sang seng |

(2) 성모에 유의하여 두 발음을 구분해 보세요. 🎧027

① zhī − chī　　② zhū − chū　　③ chī − shī　　④ chū − shū

⑤ zhī − shī　　⑥ zhū − shū　　⑦ zī − cī　　　⑧ zū − cū

⑨ cī − sī　　　⑩ cū − sū　　　⑪ zī − sī　　　⑫ zū − sū

(3) 운모에 유의하여 두 발음을 구분해 보세요. 🎧028

① chāo − chōu　② rāo − rōu　　③ gēng − gōng　④ rān − rēn

⑤ bīn − bīng　　⑥ tiān − tiāo　⑦ liān − liāng　⑧ jiā − jiē

●중국의 성씨●

우리는 '중국인'하면 흔히 '왕(王)씨'를 떠올린다. 그런데 과연 중국에는 왕씨 성을 가진 사람들이 가장 많을까?

중국에서 성씨를 사용한 역사는 5천 년 가까이 되며, 기록에 의하면 중국인들의 성씨는 무려 2만여 개에 달했다고 한다. 그러나 그중 대부분은 현재는 쓰는 사람이 거의 없는 성씨들로 옛 문서에만 기록으로 남아 있을 뿐이며, 현재는 약 4천 개 이상의 성씨가 있다고 한다.

북송(北宋)시기에 나온 고서『백가성(百家姓)』에는 최초의 성씨 기록이 있는데, '조(赵 Zhào), 전(钱 Qián), 손(孙 Sūn), 이(李 Lǐ), 주(周 Zhōu), 오(吳 Wú), 정(郑 Zhèng), 왕(王 Wáng)'을 8대 성씨로 기록하고 있다. 하지만 이들이 인구수를 기준으로 한 순위는 아닌 것으로 보인다. '조(赵)' 씨는 북송을 건국한 황제의 성씨였고, '전(钱)'씨는 당시 오월(吳越) 국왕의 성씨였으며, '이(李)' 씨는 남당(南唐) 국왕의 성씨였다고 한다.

현재는 중국의 100대 성씨가 전체 인구의 87%를 차지하고 있고, 그 중에서 1% 이상의 인구 비중을 차지하는 성씨는 모두 19개이다. 최근의 중국 국가 통계에 따르면 '王 Wáng', '李 Lǐ', '张 Zhāng'의 성씨가 전체 인구의 21%를 차지한다고 한다. 그중에서도 '李 Lǐ'씨가 제일 많은 것으로 밝혀졌다.

▲ 중국의 100대 성씨

획순에 주의해서 써 보세요.

叫							
jiào	丨 冂 口 叫 叫						

什							
shén	丿 亻 仁 什						

么							
me	丿 厶 么						

名							
míng	丿 夕 夕 夕 名 名						

字							
zì	丶 宀 宀 宀 字 字						

很							
hěn	丿 彳 彳 彳 彳 彳 彳 很 很						

难							
nán	丁 又 又 对 对 难 难 难 难						

多							
duō	丿 夕 夕 多 多 多						

你去哪儿?

너 어디 가니?

회화

① 029

周文彬　你去哪儿?
Nǐ qù nǎr?

朴永俊　我去图书馆。
Wǒ qù túshūguǎn.

周文彬　美恩，你也去图书馆吗?
Měi'ēn, nǐ yě qù túshūguǎn ma?

金美恩　我不去图书馆，我去食堂。
Wǒ bú qù túshūguǎn, wǒ qù shítáng.

周文彬　我也去食堂，我们一起去吧!
Wǒ yě qù shítáng, wǒmen yìqǐ qù ba!

❷ 🎧030

周文彬	**你吃什么？** Nǐ chī shénme?
金美恩	**我吃饺子，你呢？** Wǒ chī jiǎozi, nǐ ne?
周文彬	**我吃炒饭。** Wǒ chī chǎofàn. **你喝什么？** Nǐ hē shénme?
金美恩	**我喝可乐。** Wǒ hē kělè.
周文彬	**我也喝可乐。** Wǒ yě hē kělè.

새 단어 🎧031

회화

去 qù 〔동〕 가다

哪儿 nǎr 〔대〕 어디, 어느 곳

图书馆 túshūguǎn 〔명〕 도서관

食堂 shítáng 〔명〕 식당

一起 yìqǐ 〔부〕 같이, 함께

吧 ba 〔조〕 상의, 제안, 청유, 명령 등을 나타냄

吃 chī 〔동〕 먹나

饺子 jiǎozi 〔명〕 만두, 교자

炒饭 chǎofàn 〔명〕 볶음밥

喝 hē 〔동〕 마시다

可乐 kělè 〔명〕 콜라

주요 표현·실력 확인

宿舍 sùshè 〔명〕 기숙사

超市 chāoshì 〔명〕 슈퍼마켓

吃饭 chīfàn 〔동〕 밥을 먹다

看 kàn 〔동〕 보다

电影 diànyǐng 〔명〕 영화

面条 miàntiáo 〔명〕 국수

1 의문대명사 '哪儿'

'어디', '어느 곳'이라는 뜻으로, 장소나 위치에 대해 물을 때 사용한다.

예 (1) A 你去哪儿?　　　　B 我去北京大学。
Nǐ qù nǎr?　　　　　　Wǒ qù Běijīng Dàxué.

(2) A 他去哪儿?　　　　B 他去美恩的宿舍。
Tā qù nǎr?　　　　　　Tā qù Měi'ēn de sùshè.

宿舍 sùshè 명 기숙사

2 어기조사 '吧'

문장 맨 끝에 쓰여 상의, 제안, 청유, 명령 등을 나타낸다. '吧'를 붙이면 좀 더 부드러운 표현이 된다.

예 (1) 我们一起去吧!　　　　(2) 我们去超市吧!
Wǒmen yìqǐ qù ba!　　　　Wǒmen qù chāoshì ba!

超市 chāoshì 명 슈퍼마켓

▶▶ 바로바로 확인! ◀◀

단어를 올바르게 배열하여 문장을 만들어 보세요.

(1) 一起　　　我们　　　吧　　　去

_____!

(2) 去　　　图书馆　　　我们　　　吧

_____!

(3) 吃　　　吧　　　饺子　　　我们

_____。

3 중국어의 기본 어순

중국어의 기본 어순은 '주어+동사+목적어'이다. 이 기본 어순은 중국어 문법 기능상 중요한 역할을 한다.

예 (1) 我　　吃　　饭。Wǒ chīfàn.
　　　 나는　먹는다　밥을
　　　 주어　동사　목적어

(2) 他　　看　　电影。Tā kàn diànyǐng.
　　 그는　본다　영화를
　　 주어　동사　목적어

吃饭 chīfàn 동 밥을 먹다 | 看 kàn 동 보다
电影 diànyǐng 명 영화

▶ 바로바로 확인! ◀

단어를 올바르게 배열하여 문장을 만들어 보세요.

(1) 电影　　我们　　看

_____。

(2) 可乐　　喝　　我

_____。

(3) 你　　哪儿　　去

_____?

1 바꿔서 말해 보세요. 🎧032

(1) 我去 ┌► 学校。
　　　　 │ 食堂 │
　　　　 └ 图书馆 ┘

(2) 我吃 ┌► 炒饭。
　　　　 │ 饺子 │
　　　　 └ 面条 ┘

面条 miàntiáo 몡 국수

2 주어진 문장을 참고하여 대화를 알맞게 완성해 보세요.

(1) A 你去哪儿?

　　B ＿＿＿＿＿＿＿＿＿＿＿＿＿＿＿＿＿＿＿＿。

(2) A ＿＿＿＿＿＿＿＿＿＿＿＿＿＿＿＿＿＿＿?

　　B 我喝可乐。你呢?

　　A ＿＿＿＿＿＿＿＿＿＿＿＿＿＿＿＿＿＿＿。

3 단어를 올바르게 배열하여 문장을 만들어 보세요.

(1) 吧　　　我们　　　一起　　　去

　　＿＿＿＿＿＿＿＿＿＿＿＿＿＿＿＿＿＿!

(2) 也　　　我　　　可乐　　　喝

　　＿＿＿＿＿＿＿＿＿＿＿＿＿＿＿＿＿。

4 녹음을 듣고 빈칸에 녹음 내용과 일치하는 표현을 써 보세요. 🎧033

(1) A 你_____?

B 我去食堂。你呢?

A 我_____。

B 我们_____去吧!

(2) A 你_____什么?

B 我吃_____，你呢?

A 我吃炒饭。

5 녹음을 듣고 성조 변화에 주의하며 발음을 따라 해 보세요.

(1) 제3성+제3성 🎧034

① biǎoyǎn　　② hǎodǎi　　③ xǐlǐ　　④ xǐzǎo

⑤ kǎchǐ　　⑥ zǒumǎ　　⑦ xiǎochǒu　　⑧ shǎyǎn

(2) '一'의 성조 변화 🎧035

① yìqiān　　② yìtiān　　③ yìlái　　④ yìrú

⑤ yìbǎi　　⑥ yìběn　　⑦ yíyè　　⑧ yíxià

(3) '不'의 성조 변화 🎧036

① bùyī　　② bùgāo　　③ bùlái　　④ bùshú

⑤ bùzǒu　　⑥ bùhǎo　　⑦ búhuì　　⑧ búqù

(4) '儿化' 연습 🎧037

① nà – nàr　　② huā – huār　　③ zhè – zhèr　　④ gài – gàir

● 중국인의 주식 ●

饺子 jiǎozi 쟈오즈

얇게 민 밀가루 반죽에 소를 넣고
반달 모양으로 빚어 만든 것으로,
우리나라의 만두와 비슷하다.

包子 bāozi 바오쯔

채소나 고기 등의 소를 넣은 찐만두를
말한다. 중국 북방에서는 바오쯔를
주식으로 삼는다.

馒头 mántou 만터우

소가 없는 찐빵을 말한다. 중국에서는
식사 때 볶은 채소와 함께 먹기도 한다.

花卷 huājuǎn 화쥐엔

층과 층 사이에 기름이나 양념을 바른
찐빵이다. 우리나라에서는 보통
'꽃빵'이라고 불린다.

炒饭 chǎofàn 볶음밥

중국의 볶음밥은 보통 파, 계란, 소금과 후춧가루 등
조미료를 넣고 볶아내며 맛이 담백하다.
'양저우차오판(扬州炒饭)'은 새우, 소시지, 훈제고기 등
이 들어간 것으로 중국의 대표적인 볶음밥이다.

油条 yóutiáo 유탸오

발효시켜 소금으로 간을 맞춘 밀가루 반죽을
길게 늘어뜨려 기름에 튀긴 음식이다.
중국인들이 가장 좋아하는 주식 중 하나이다.

획순에 주의해서 써 보세요.

去 qù	一 十 土 去 去
食 shí	丿 人 人 今 今 食 食 食
堂 táng	丶 丷 丷 丷 半 半 当 当 堂 堂 堂
吃 chī	丨 丨 丨 丨 吖 吃
饺 jiǎo	丿 丿 乍 乍 饣 饣 饣 饺 饺
子 zǐ	乛 了 子
饭 fàn	丿 丿 乍 饣 饣 饭 饭
喝 hē	丨 口 口 口 叩 叩 叩 唱 喝 喝 喝 喝

第5课 ▶ 복습

단어 회화에서 배웠던 단어를 성조에 유의해서 읽어 보세요. ◎038

- 경성 　们 men ｜ 吗 ma ｜ 呢 ne ｜ 吧 ba
- 제1성 　都 dōu ｜ 多 duō ｜ 吃 chī ｜ 喝 hē
- 제2성 　您 nín ｜ 国 guó ｜ 人 rén ｜ 难 nán
- 제3성 　你 nǐ ｜ 好 hǎo ｜ 也 yě ｜ 很 hěn ｜ 哪 nǎ ｜ 哪儿 nǎr
- 제4성 　是 shì ｜ 不 bù ｜ 叫 jiào ｜ 去 qù

- 제1성＋제2성 　英国 Yīngguó

- 제2성＋경성 　什么 shénme ｜ 名字 míngzi
- 제2성＋제2성 　同学 tóngxué ｜ 韩国 Hánguó ｜ 食堂 shítáng

- 제3성＋경성 　饺子 jiǎozi
- 제3성＋제1성 　老师 lǎoshī
- 제3성＋제4성 　炒饭 chǎofàn ｜ 可乐 kělè

- 제4성＋경성 　谢谢 xièxie
- 제4성＋제3성 　汉语 Hànyǔ ｜ 一起 yìqǐ
- 제4성＋제4성 　现在 xiànzài ｜ 上课 shàngkè ｜ 下课 xiàkè ｜ 再见 zàijiàn ｜ 作业 zuòyè

- 제2성＋제1성＋경성 　没关系 méi guānxi
- 제2성＋제1성＋제3성 　图书馆 túshūguǎn
- 제2성＋제2성＋제1성 　留学生 liúxuésheng
- 제2성＋제4성＋경성 　不客气 bú kèqi
- 제4성＋경성＋제3성 　对不起 duìbuqǐ

- **만났을 때 하는 인사**

  A 你好!

  B 您好!

- **신분 묻기**

  A 你是留学生吗?

  B 我是留学生。

- **이름 묻기**

  A 你叫什么名字?

  B 我叫金美恩。

- **목적지 묻기**

  A 你去哪儿?

  B 我去食堂。

- **헤어질 때 하는 인사**

  A 再见!

  B 老师,再见!

- **국적 묻기**

  A 你是哪国人?

  B 我是韩国人。

- **상황 묻기**

  A 汉语难吗?

  B 汉语很难。

- **식사 주문하기**

  A 你吃什么?

  B 我吃炒饭。

2과 我是留学生,他也是留学生,我们都是留学生。

我是韩国人,他不是韩国人,他是英国人。

4과 朴永俊去图书馆,我不去图书馆,我去食堂。

周文彬也去食堂,我们一起去食堂。

我吃饺子,周文彬吃炒饭,我们都喝可乐。

3과 我叫金美恩,他叫周文彬。

汉语不难,作业很多。

1 인칭대명사

	1인칭	2인칭	3인칭
단수	我	你 / 您	他 / 她 / 它
복수	我们	你们	他们 / 她们 / 它们

2 '是'자문

동사 '是'가 술어로 쓰인 문장을 말한다. '주어+是+목적어'의 순서로 쓰여 '~는 ~이다'라는 뜻을 나타낸다. 부정형은 '不是'이다.

我是学生。
Wǒ shì xuésheng.

他不是老师。
Tā bú shì lǎoshī.

3 吗

평서문 끝에 의문조사 '吗'를 붙이면 의문문이 된다. 우리말의 '~입니까?'에 해당한다.

他是老师吗?
Tā shì lǎoshī ma?

他不是学生吗?
Tā bú shì xuésheng ma?

4 什么

'什么'는 '무슨', '어떤' 등의 뜻을 나타내는 의문대명사로 보통 명사 앞에 놓는다. '什么'를 목적어 자리에 놓아 무엇인지 묻는 질문을 만들 수도 있다. '什么'를 사용한 의문문 뒤에는 '吗'를 붙이지 않는다.

他是什么老师?
Tā shì shénme lǎoshī?

作业是什么?
Zuòyè shì shénme?

5 呢

'呢'는 앞에서 말한 화제를 이어받아 상대방에게 되물어 볼 때 사용한다. 이미 언급된 내용을 반복하지 않고 짧게 질문할 수 있다.

他是韩国人，你呢?
Tā shì Hánguó rén, nǐ ne?

你是学生，他呢?
Nǐ shì xuésheng, tā ne?

6 형용사술어문

문장 전체의 술어가 형용사나 형용사구로 이루어진 문장을 말하며 형용사가 술어로 올 때는 '是'를 붙이지 않는다. 부정문에서는 형용사 앞에 '不'를 붙여 준다.

汉语很难。
Hànyǔ hěn nán.

汉语不难。
Hànyǔ bù nán.

作业很多。
Zuòyè hěn duō.

作业不多。
Zuòyè bù duō.

7 哪儿

'어디', '어느 곳'이라는 뜻으로, 장소나 위치에 대해 물을 때 사용한다.

A 你去哪儿?
　 Nǐ qù nǎr?

B 我去学校。
　 Wǒ qù xuéxiào.

8 吧

문장 맨 끝에 쓰여 상의, 제안, 청유, 명령 등을 나타낸다.

我们一起去吧!
Wǒmen yìqǐ qù ba!

我们去超市吧!
Wǒmen qù chāoshì ba!

你想喝什么?
너는 무엇을 마시고 싶니?

회화

1 🎧040

王诗灵　保罗，你想喝什么?
Bǎoluó, nǐ xiǎng hē shénme?

保罗　我想喝咖啡。你呢?
Wǒ xiǎng hē kāfēi. Nǐ ne?

王诗灵　我想喝绿茶。
Wǒ xiǎng hē lǜchá.

保罗　你不喜欢喝咖啡吗?
Nǐ bù xǐhuan hē kāfēi ma?

王诗灵　我不喜欢喝咖啡。
Wǒ bù xǐhuan hē kāfēi.

2 🎧041

保罗 　**你喜欢喝什么茶?**
　　　Nǐ xǐhuan hē shénme chá?

王诗灵 　**我喜欢喝龙井茶。**
　　　Wǒ xǐhuan hē lóngjǐngchá.

保罗 　**龙井茶好喝吗?**
　　　Lóngjǐngchá hǎohē ma?

王诗灵 　**很好喝。**
　　　Hěn hǎohē.

保罗 　**那今天我也喝龙井茶吧。**
　　　Nà jīntiān wǒ yě hē lóngjǐngchá ba.

새 단어 🎧042

회화

想 xiǎng 조동 ~하고 싶다

咖啡 kāfēi 명 커피

绿茶 lǜchá 명 녹차

喜欢 xǐhuan 동 좋아하다

茶 chá 명 차

龙井茶 lóngjǐngchá 명 롱징차

好喝 hǎohē 형 (음료수 따위가) 맛있다

那 nà 접 그러면, 그렇다면

今天 jīntiān 명 오늘

주요 표현·실력 확인

书店 shūdiàn 명 서점

学 xué 동 배우다

英语 Yīngyǔ 명 영어

烧酒 shāojiǔ 명 소주

读书 dúshū 동 책을 읽다, 공부하다

饼干 bǐnggān 명 과자, 비스킷

奶茶 nǎichá 명 밀크티

好看 hǎokàn 형 재미있다, 보기 좋다

听 tīng 동 듣다

流行音乐 liúxíng yīnyuè 명 팝 뮤직, 유행 음악

1 조동사 '想'

'想'이 조동사로 쓰일 때는 '~하고 싶다', '~할 생각이다'라는 뜻으로, 동사 앞에 놓여 주관적인 바람을 나타낸다. 부정형은 '不想'이다.

예 A 你想去书店吗?
　　Nǐ xiǎng qù shūdiàn ma?

　　B 我不想去书店, 我想去超市。
　　　Wǒ bù xiǎng qù shūdiàn, wǒ xiǎng qù chāoshì.

书店 shūdiàn 몡 서점

▶ 바로바로 확인! ◀

주어진 질문에 알맞게 대답해 보세요.

A 你想吃炒饭吗?

B _____ 。

2 喜欢

'喜欢'은 동사와 결합하여 '~하기 좋아하다'라는 뜻을 나타낼 수도 있고, '喜欢' 뒤에 바로 목적어가 와서 '~을 좋아하다'라는 뜻을 나타낼 수도 있다. 부정형은 '不喜欢'이다.

예 (1) A 你喜欢学英语吗?
　　　　Nǐ xǐhuan xué Yīngyǔ ma?

　　　B 我不喜欢学英语, 我喜欢学汉语。
　　　　Wǒ bù xǐhuan xué Yīngyǔ, wǒ xǐhuan xué Hànyǔ.

(2) A 你喜欢中国吗?
　　　Nǐ xǐhuan Zhōngguó ma?

　B 我喜欢中国, 我想去中国。
　　Wǒ xǐhuan Zhōngguó, wǒ xiǎng qù Zhōngguó.

学 xué 동 배우다 | 英语 Yīngyǔ 몡 영어

주어진 질문에 알맞게 대답해 보세요.

(1) A 你喜欢喝烧酒吗?

     B _____。

(2) A 你喜欢读书吗?

     B _____。

烧酒 shāojiǔ 몡 소주 | **读书** dúshū 툉 책을 읽다, 공부하다

3 好+동사

'好'는 '看', '吃', '喝' 등의 동사와 함께 쓰여 모양이나 맛, 냄새 등이 좋음을 나타낼 수 있다. 마실 것 따위가 맛있다는 표현은 '好喝'라고 하며, 먹을 것이 맛있다는 표현은 '好吃'라고 한다. 부정형은 각각 '不好喝', '不好吃'이다.

예 (1) 饼干很好吃。
　　　Bǐnggān hěn hǎochī.

(2) 奶茶很好喝。
　　　Nǎichá hěn hǎohē.

(3) 中国电影很好看。
　　　Zhōngguó diànyǐng hěn hǎokàn.

饼干 bǐnggān 몡 과자, 비스킷 | **奶茶** nǎichá 몡 밀크티
好看 hǎokàn 톙 재미있다, 보기 좋다

빈칸에 알맞은 표현을 넣어 문장을 완성해 보세요.

饺子_____。

1 바꿔서 말해 보세요. 🎧043

(1) A 你想 → **喝** 什么?
　　　　　 ┌ 吃 ┐
　　　　　 └ 看 ┘

B 我想 → **喝** → **咖啡**。
　　　　 ┌ 吃 ┐ ┌ 饺子 ┐
　　　　 └ 看 ┘ └ 电影 ┘

(2) A 你喜欢 → **喝** 什么?
　　　　　　 ┌ 吃 ┐
　　　　　　 └ 听 ┘

B 我喜欢 → **喝** → **咖啡**。
　　　　　 ┌ 吃 ┐ ┌ 饺子 ┐
　　　　　 └ 听 ┘ └ 流行音乐 ┘

听 tīng 🉐 듣다 | 流行音乐 liúxíng yīnyuè 몡 팝 뮤직, 유행 음악

(3) A → **龙井茶** → **好喝** 吗?
　　　 ┌ 饺子 ┐ ┌ 好吃 ┐
　　　 └ 电影 ┘ └ 好看 ┘

B → **好喝**。
　　 ┌ 好吃 ┐
　　 └ 好看 ┘

2 주어진 문장을 참고하여 대화를 알맞게 완성해 보세요.

(1) A ＿＿＿＿＿＿＿＿＿＿＿＿＿?

　　 B 我想喝咖啡。你呢?

　　 A ＿＿＿＿＿＿＿＿＿＿＿＿＿。

(2) A ＿＿＿＿＿＿＿＿＿＿＿＿? (부정 의문)

　　 B 我不喜欢喝茶。

3 단어를 올바르게 배열하여 문장을 만들어 보세요.

(1) 想　　什么　　喝　　你

_____?

(2) 咖啡　　他　　喜欢　　喝　　不

_____。

(3) 好喝　　吗　　龙井茶

_____?

4 녹음을 듣고 빈칸에 녹음 내용과 일치하는 표현을 써 보세요. 🎧044

A 你_____什么?

B 我_____。

A 你_____?

B 我喜欢喝龙井茶。

A 龙井茶_____?

B _____。

● 중국의 명차(名茶) ●

차는 중국인의 일상생활에서 빠질 수 없는 것으로, 오랜 역사를 가진 만큼 그 종류도 다양하다. 차를 분류하는 방법은 여러 가지가 있지만 발효 정도에 따라 불발효차, 반발효차, 발효차, 후발효차로 나눌 수 있다.

불발효차란 찻잎을 따서 바로 증기로 찌거나 솥에서 덖어 발효되지 않도록 해 녹색을 그대로 유지하게 한 차이다. 우리가 보통 말하는 녹차(绿茶 lǜchá)가 여기에 속하며, 대표적인 것이 바로 롱징차(龙井茶 lóngjǐngchá)이다.

반발효차는 10~70%를 발효시켜 만든 차로, 발효 과정에서 녹색은 사라지게 된다. 우롱차(乌龙茶 wūlóngchá), 화차(花茶 huāchá) 등이 이에 속한다. 티에관인차(铁观音茶 tiěguānyīnchá)는 우롱차의 일종으로 소화에 좋다고 알려져 있다. 우리가 보통 '재스민차'라고 부르는 '모리화차(茉莉花茶 mòlihuāchá)'는 대표적인 화차이다.

발효차는 85% 이상 발효한 것으로 떫은 맛이 강하다. 발효차의 대표적인 것은 홍차(红茶 hóngchá)로, 특히 안후이성(安徽省)의 치먼(祁门)에서 생산되는 홍차를 '치먼홍차(祁门红茶 qímén hóngchá)'라고 한다. 사과향이 나는 것이 특징이다.

마지막으로 후발효차는 공기 중에 있는 미생물의 번식을 유도해 다시 발효가 일어나게 한 것이다. 흑차(黑茶), 황차(黄茶) 등이 대표적인 후발효차로, 흑차 중에서 가장 유명한 것이 윈난성(云南省)에서 생산되는 푸얼차(普洱茶 pǔ'ěrchá)이다.

▲ 모리화차

◀ 푸얼차

획순에 주의해서 써 보세요.

想 xiǎng
一 十 扌 木 杧 机 相 相 相 相 想 想 想

喜 xǐ
一 十 吉 吉 吉 吉 吉 吉 壴 喜 喜 喜

欢 huān
フ 又 첫 欢 欢 欢

咖 kā
丨 冂 冂 叮 叻 咖 咖 咖

啡 fēi
丨 冂 冂 叮 旷 呀 吼 呻 啡 啡 啡

龙 lóng
一 ナ 尢 龙 龙

井 jǐng
一 二 丰 井

茶 chá
一 十 艹 艹 艾 苓 苓 茶 茶

这是什么?

이것은 무엇이니?

회화

① 📶045

朴永俊 **这是什么?**
Zhè shì shénme?

保罗 **这是汉语书。**
Zhè shì Hànyǔ shū.

朴永俊 **那是什么书?**
Nà shì shénme shū?

保罗 **那是英语书。**
Nà shì Yīngyǔ shū.

朴永俊 **这些是谁的杂志?**
Zhèxiē shì shéi de zázhì?

保罗 **这些是我的杂志。**
Zhèxiē shì wǒ de zázhì.

2 🎧046

朴永俊　**你有铅笔吗？**
Nǐ yǒu qiānbǐ ma?

王诗灵　**我没有。**
Wǒ méiyǒu.

朴永俊　**美恩，你有没有铅笔？**
Měi'ēn, nǐ yǒu méiyǒu qiānbǐ?

金美恩　**我也没有。**
Wǒ yě méiyǒu.

朴永俊　**谁有铅笔？**
Shéi yǒu qiānbǐ?

保罗　**我们都没有。**
Wǒmen dōu méiyǒu.

새 단어 🎧047

회화

这 zhè 대 이, 이것

书 shū 명 책

那 nà 대 그, 저, 그것, 저것

这些 zhèxiē 대 이들, 이런 것들

谁 shéi 대 누구

的 de 조 ~의

杂志 zázhì 명 잡지

有 yǒu 동 있다

铅笔 qiānbǐ 명 연필

没有 méiyǒu 동 없다

주요 표현

词典 cídiǎn 명 사전

充电器 chōngdiànqì 명 충전기

书包 shūbāo 명 책가방

笔袋 bǐdài 명 필통

尺子 chǐzi 명 자

男朋友 nánpéngyou 명 남자친구

女朋友 nǚpéngyou 명 여자친구

手机 shǒujī 명 휴대전화

耳机 ěrjī 명 이어폰

1 지시대명사 '这', '那'

사람 혹은 사물 등을 대신해서 가리킬 때 사용한다.

	가까운 것	먼 것
단수	这 zhè 이, 이것	那 nà 그, 저, 그것, 저것
복수	这些 zhèxiē 이들, 이런 것들	那些 nàxiē 그들, 그것들

예 (1) 这是词典。
Zhè shì cídiǎn.

(2) 这些是什么书?
Zhèxiē shì shénme shū?

(3) 那不是充电器。
Nà bú shì chōngdiànqì.

(4) 我喜欢看那些汉语杂志。
Wǒ xǐhuan kàn nàxiē Hànyǔ zázhì.

词典 cídiǎn 명 사전 | 充电器 chōngdiànqì 명 충전기

2 的

'的'는 '~의'라는 뜻으로 소유, 소속, 한정의 관계를 나타낸다.

예 (1) 我的老师是中国人。
　　　Wǒ de lǎoshī shì Zhōngguó rén.

　　(2) A 他是谁?
　　　　 Tā shì shéi?

　　　 B 他是我的同学。
　　　　 Tā shì wǒ de tóngxué.

　　(3) A 这是谁的书包?
　　　　 Zhè shì shéi de shūbāo?

　　　 B 这是美恩的书包。
　　　　 Zhè shì Měi'ēn de shūbāo.

书包 shūbāo 명 책가방

⏸️ 바로바로 확인! ◀◀

주어진 질문에 알맞게 대답해 보세요.

A 那是你的汉语书吗?

B ＿＿＿＿＿＿＿＿＿＿＿＿＿＿＿＿＿＿＿＿＿＿＿ 。

'인칭대명사+的' 뒤에 오는 단어가 친족이나 소속단체 등을 나타낼 때는 '的'를 생략할 수 있다.

예 我妹妹　　　　我们学校
　 wǒ mèimei　　 wǒmen xuéxiào

妹妹 mèimei 명 여동생

3 '有'자문

'有'는 '~을 가지고 있다' 또는 '~이 있다'라는 뜻으로, 소유나 존재를 나타낸다. '有' 뒤에는 사람이나 사물이 목적어로 와야 한다. 일반적으로 동사를 부정할 때는 '不'를 사용하지만, '有'의 부정형은 '没有'임에 주의한다.

예
(1) 我有笔袋。
Wǒ yǒu bǐdài.

(2) 他没有尺子。
Tā méiyǒu chǐzi.

笔袋 bǐdài 명 필통 | 尺子 chǐzi 명 자

⑪▶ 바로바로 확인! ◀⑪

주어진 질문에 알맞게 대답해 보세요.

A 你有男朋友/女朋友吗?

B _____ 。

男朋友 nánpéngyou 명 남자친구
女朋友 nǚpéngyou 명 여자친구

4 정반(正反)의문문

술어에 있는 동사 또는 형용사의 긍정형과 부정형을 병렬하면 의문문이 되는데 이를 '정반의문문'이라고 한다. 단음절 동사나 형용사는 'A不A'의 형식으로, 이음절 동사나 형용사는 'A(B)不AB'의 형식으로 의문문을 만든다. 동사 '有'를 사용해 정반의문문을 만들 때는 '有不有'가 아닌 '有没有'임에 주의한다.

예
(1) A 你喝不喝茶?　　　　　B 我不喝茶。
　　Nǐ hē bu hē chá?　　　　 Wǒ bù hē chá.

(2) A 这是不是手机?　　　　B 这是手机。
　　Zhè shì bu shì shǒujī?　　 Zhè shì shǒujī.

(3) A 你有没有耳机?　　　B 我没有耳机。
　　　Nǐ yǒu méiyǒu ěrjī?　　　Wǒ méiyǒu ěrjī.

(4) A 汉语难不难?　　　B 汉语不难。
　　　Hànyǔ nán bu nán?　　　Hànyǔ bù nán.

手机 shǒujī 圈 휴대전화 | **耳机** ěrjī 圈 이어폰

◄ㅣ 바로바로 확인! ㅣ►

주어진 질문에 알맞게 대답해 보세요.

A 汉语作业多不多?

B ＿＿＿＿＿＿＿＿＿＿＿＿＿＿＿＿＿＿＿＿。

---

5 의문대명사 '谁'

'누구'를 뜻하는 '谁'는 사람에 대해 물을 때 사용하는 의문대명사이며, 불특정한 사람을 나타내기도 한다.

(1) A 他是谁?　　　B 他是朴永俊。
　　　Tā shì shéi?　　　Tā shì Piáo Yǒngjùn.

(2) A 谁喝咖啡?　　　B 我喝咖啡。
　　　Shéi hē kāfēi?　　　Wǒ hē kāfēi.

◄ㅣ 바로바로 확인! ㅣ►

주어진 질문에 알맞게 대답해 보세요.

A 你的汉语老师是谁?

B ＿＿＿＿＿＿＿＿＿＿＿＿＿＿＿＿＿＿＿＿。

1 바꿔서 말해 보세요. 🎧048

(1)

(2)

2 주어진 문장을 참고하여 대화를 알맞게 완성해 보세요.

(1) A _____?

　B 那是英语书。

　A _____?

　B 这些是我的杂志。

(2) A _____铅笔吗?

　B 我没有。

　A 美恩, _____? *(정반의문문)*

　B 我也没有。

3 단어를 올바르게 배열하여 문장을 만들어 보세요.

(1) 杂志　　　这些　　　谁　　　是　　　的

_____?

(2) 没有　　　你　　　手机　　　有

_____?

(3) 铅笔　　　我们　　　没有　　　都

_____。

(4) 书　　　那　　　什么　　　是

_____?

4 녹음을 듣고 빈칸에 녹음 내용과 일치하는 표현을 써 보세요. ⊚049

A _____什么?

B _____。

A 那是_____?

B 那是_____。

A _____杂志?

B _____杂志。

● 여러 가지 사물 ●

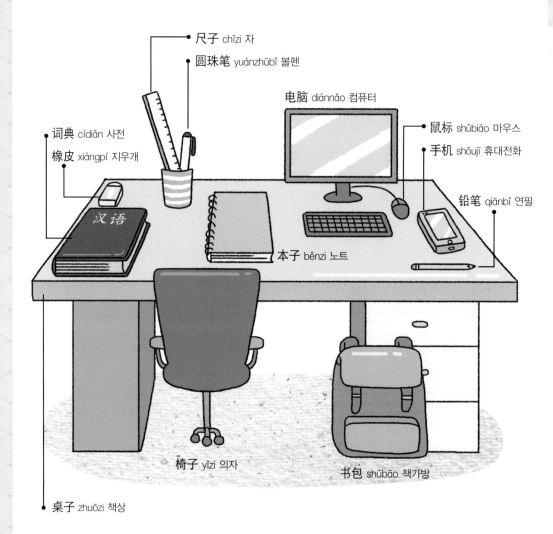

尺子 chǐzi 자

圆珠笔 yuánzhūbǐ 볼펜

电脑 diànnǎo 컴퓨터

鼠标 shǔbiāo 마우스

手机 shǒujī 휴대전화

词典 cídiǎn 사전

橡皮 xiàngpí 지우개

铅笔 qiānbǐ 연필

本子 běnzi 노트

椅子 yǐzi 의자

书包 shūbāo 책가방

桌子 zhuōzi 책상

획순에 주의해서 써 보세요.

这
zhè
丶 亠 亣 文 这 这

那
nà
丁 刀 刃 月 那 那

些
xiē
丨 卜 止 止 此 些 些

志
zhì
一 十 士 声 志 志 志

谁
shéi
丶 讠 讠 讠 讠 讠 讠 讠 谁 谁

都
dōu
一 十 土 耂 耂 者 者 者 都 都

没
méi
丶 丶 氵 氵 沪 沙 没

有
yǒu
一 广 冇 冇 有 有

今天几月几号?

오늘은 몇 월 며칠이니?

 회화

1 🔊050

金美恩　今天几月几号?
　　　　Jīntiān jǐ yuè jǐ hào?

王诗灵　今天九月十一号。
　　　　Jīntiān jiǔ yuè shíyī hào.

金美恩　星期几?
　　　　Xīngqī jǐ?

王诗灵　星期二。
　　　　Xīngqī'èr.

金美恩　中秋节是星期六吧?
　　　　Zhōngqiūjié shì xīngqīliù ba?

王诗灵　不是星期六，是星期五。
　　　　Bú shì xīngqīliù, shì xīngqīwǔ.

2 🔊051

金美恩　今天星期四还是星期五?
　　　　Jīntiān xīngqīsì háishi xīngqīwǔ?

王诗灵　今天星期四。
　　　　Jīntiān xīngqīsì.

金美恩　明天不上课吧?
　　　　Míngtiān bú shàngkè ba?

王诗灵	不上课，明天是中秋节。
	Bú shàngkè, míngtiān shì Zhōngqiūjié.

金美恩	那你什么时候回家？
	Nà nǐ shénme shíhou huíjiā?

王诗灵	我今天下午回家。
	Wǒ jīntiān xiàwǔ huíjiā.

새 단어 🎧052

회화

几 jǐ 주 몇 [숫자가 그렇게 많지 않을 때 사용함]

月 yuè 명 월, 달

号 hào 명 일

星期 xīngqī 명 요일

中秋节 Zhōngqiūjié 명 추석, 한가위

还是 háishi 부 또는, 아니면

什么时候 shénme shíhou 언제

回家 huíjiā 동 집으로 돌아가다

下午 xiàwǔ 명 오후

주요 표현

年 nián 명 년

今年 jīnnián 명 올해, 금년

昨天 zuótiān 명 어제

国庆节 Guóqìngjié 명 국경절

前天 qiántiān 명 그저께

后天 hòutiān 명 모레

炸酱面 zhájiàngmiàn 명 짜장면

冷面 lěngmiàn 명 냉면

北京 Běijīng 고유 베이징

累 lèi 형 지치다, 피곤하다

 • 중국어로 숫자를 익혀 보세요.

零 líng	一 yī	二 èr	三 sān	四 sì	五 wǔ	六 liù	七 qī	八 bā	九 jiǔ	十 shí
0	1	2	3	4	5	6	7	8	9	10

十一 shíyī	十二 shí'èr	二十 èrshí	三十 sānshí	一百 yìbǎi	一千 yìqiān	一万 yíwàn
11	12	20	30	100	1000	10000

주요 표현

1 년, 월, 일의 중국어 표현

'연도'를 읽을 때는 보통 각각의 숫자를 하나씩 읽은 후 '年'을 붙여 준다.

예 一九四九年 yī jiǔ sì jiǔ nián　一九九七年 yī jiǔ jiǔ qī nián　二零零八年 èr líng líng bā nián

年 nián 명 년

바로바로 확인!

올해는 몇 년도인지 중국어로 말해 보세요.

今年是＿＿＿＿＿＿＿＿＿＿＿＿。

今年 jīnnián 명 올해, 금년

중국어로 '월'은 수사 뒤에 '月'를 붙여 표현한다. '일'은 수사 뒤에 '日' 또는 '号'를 붙이는데 보통 '日'는 서면어에서, '号'는 구어에서 사용한다. 숫자 표현이 서술어가 되면 일반적으로 '是'를 생략하므로 오늘 날짜를 말할 때는 '今天O月O号。'라고 한다. 부정문에서는 '是'를 생략할 수 없으며, 특정한 날을 말할 때도 '是'를 생략하지 않는다.

예 (1) 昨天五月六号。
Zuótiān wǔ yuè liù hào.

(2) 今天不是五月六号。
Jīntiān bú shì wǔ yuè liù hào.

(3) 国庆节是十月一号。
Guóqìngjié shì shí yuè yī hào.

昨天 zuótiān 명 어제 | 国庆节 Guóqìngjié 명 국경절

바로바로 확인!

오늘은 몇 월 며칠인지 중국어로 말해 보세요.

今天＿＿＿＿＿＿＿＿＿＿＿＿＿＿。

2 요일의 중국어 표현

요일은 '星期'를 사용하여 표현한다. 월요일부터 토요일은 '星期' 뒤에 차례대로 '一', '二', '三', '四', '五', '六'를 붙여 나타낸다. 일요일은 '星期天' 또는 '星期日'라고 한다.

월	화	수	목	금	토	일
星期一	星期二	星期三	星期四	星期五	星期六	星期天 xīngqītiān
xīngqīyī	xīngqī'èr	xīngqīsān	xīngqīsì	xīngqīwǔ	xīngqīliù	星期日 xīngqīrì

3 날짜와 요일 묻는 표현

날짜는 '几'를 사용해 묻는다. '几'는 비교적 작은 수를 물을 때 사용하는데 '월'은 12개월, '일'은 최대 31일, '요일'은 7일로 한정되어 있기 때문에 '几'를 사용한다. 대답할 때는 '几' 부분만 해당 날짜와 요일로 바꿔서 말하면 된다.

(1) A 前天几月几号?
　　　Qiántiān jǐ yuè jǐ hào?

B 前天六月二号。
　　Qiántiān liù yuè èr hào.

(2) A 七月十五号星期几?
　　　Qī yuè shíwǔ hào xīngqī jǐ?

B 七月十五号星期天。
　　Qī yuè shíwǔ hào xīngqītiān.

前天 qiántiān 몡 그저께

▸ 바로바로 확인! ◂

주어진 질문에 알맞게 대답해 보세요.

(1) A 后天几月几号?

　　B ＿＿＿＿＿＿＿＿＿＿＿＿＿＿＿。

(2) A 今天星期几?

　　B ＿＿＿＿＿＿＿＿＿＿＿＿＿＿＿。

后天 hòutiān 몡 모레

4 선택의문문

접속사 '还是'를 사용하여 'A还是B'의 형식으로 질문할 수 있다. 'A입니까 또는 B입니까?' 라는 뜻으로 A와 B 둘 중 하나를 택하여 답하도록 하는 의문문이다.

예 A 你是中国人还是韩国人？
　　Nǐ shì Zhōngguó rén háishi Hánguó rén?

B 我是中国人。
　Wǒ shì Zhōngguó rén.

▶ 바로바로 확인! ◀

선택의문문을 만들어 보세요.

炸酱面好吃_____冷面好吃？

炸酱面 zhájiàngmiàn 명 짜장면 | **冷面** lěngmiàn 명 냉면

5 명사술어문

문장에서 일부 명사, 명사구 또는 수량사 등이 직접 술어로 쓰일 수 있는데, 이를 '명사술어 문'이라 한다. 주로 시간, 날짜, 나이, 출신, 수량 등을 나타낼 때 쓰인다. 긍정문에서는 일반 적으로 '是'를 쓰지 않지만, 부정문에서는 술어 앞에 '不是'를 붙인다.

예 (1) 今天星期天。
　　　Jīntiān xīngqītiān.

今天不是星期天。
Jīntiān bú shì xīngqītiān.

(2) 他北京人。
　　Tā Běijīng rén.

他不是北京人。
Tā bú shì Běijīng rén.

北京 Běijīng 고유 베이징

6 '吧'를 사용한 의문문

어기조사 '吧'를 사용해서 추측의 의미를 나타내는 의문문을 만들 수 있다.

예 (1) 你很累吧？
　　　Nǐ hěn lèi ba?

(2) 您是老师吧？
　　Nín shì lǎoshī ba?

累 lèi 형 지치다, 피곤하다

1 바꿔서 말해 보세요. 🎧053

(1) A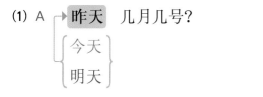

B

(2) A

B

(3)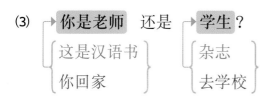

2 주어진 문장을 참고하여 대화를 알맞게 완성해 보세요.

(1) A 今天几月几号?

B _____ 。

(2) A _____ ?

B 今天星期五。

(3) A 中秋节是星期几?

    B _____ 。

3 단어를 올바르게 배열하여 문장을 만들어 보세요.

(1) 几   今天   月   号   几

_____?

(2) 还是   星期四   星期五   明天

_____?

(3) 星期   后天   几

_____?

4 녹음을 듣고 빈칸에 녹음 내용과 일치하는 표현을 써 보세요. 🎧054

(1) A 今天_____?

    B 九月二十八号。

    A _____?

    B 星期四。

A 国庆节是星期六吧?

B 不是_____，是_____。

(2) A 今天星期四_____星期五?

B 星期五。

A 明天不上课_____?

B 不上课，明天是星期六。

A 你_____回家?

B 我明天回家。

●중국의 명절●

春节 Chūnjié 춘절

음력 1월 1일로 중국 최대의 명절이다. 춘절이 되면 중국인들은 음식을 풍성하게 준비하고 온가족이 한자리에 모여 가족의 화목을 빈다. 또한 집안을 깨끗이 청소하고 녠화(年画 niánhuà)와 춘롄(春联 chūnlián)을 붙인다. 녠화는 한 해의 행복을 기원하는 뜻을 담아 문이나 실내에 붙여두는 그림을 말하며, 춘롄은 붉은 종이에 복을 기원하는 문구를 써서 문이나 기둥에 붙이는 것을 말한다.

清明节 Qīngmíngjié 청명절

24절기의 5번째로, 양력 4월 5일 전후이다. 청명절에는 조상의 묘에 가서 묘를 정리하는 풍습이 있다. 하지만 최근에는 봄나들이를 가거나 열사를 추모하는 날로 바뀌고 있다고 한다. 2009년에 국가 공휴일로 지정되면서 중요한 명절 중의 하나로 자리잡았다.

端午节 Duānwǔjié 단오절

음력 5월 5일로, 춘추전국시대 초나라의 시인 굴원(屈原)을 기념하는 날에서 유래했다는 것이 가장 대표적인 설이다. 단오절에 중국인들은 찹쌀, 쌀가루 등을 대나무 잎에 싸서 쪄낸 쫑즈(粽子 zòngzi)를 먹고 용선경기를 즐긴다. 용선경기란 용 모양으로 장식한 배를 타고 노를 젓는 운동 경기를 말한다.

国庆节 Guóqìngjié 국경절

국경절은 중화인민공화국의 건국 기념일로, 10월 1일이다. 중국에서는 보통 10월 1일부터 3일까지 법정 공휴일로 지정하고 있으며, 이날이 되면 매년 수많은 사람들이 천안문광장에 모여 대대적인 경축 행사를 벌인다.

획순에 주의해서 써 보세요.

今 jīn	ノ 人 스 今
天 tiān	一 二 于 天
几 jǐ	ノ 几
月 yuè	ノ 刀 月 月
号 hào	ㅣ 口 口 吕 号
星 xīng	ㅣ 口 日 日 尸 戸 戸 星 星
期 qī	一 十 卄 甘 甘 其 其 期 期 期 期
午 wǔ	ノ ケ 듀 午

第9课 你今天下午有课吗?

너는 오늘 오후에 수업이 있니?

회화

① 🎧055

朴永俊　**你今天下午有课吗?**
Nǐ jīntiān xiàwǔ yǒu kè ma?

周文彬　**有，第五、六节有课。**
Yǒu, dì wǔ、liù jié yǒu kè.

朴永俊　**你几点上课?**
Nǐ jǐ diǎn shàngkè?

周文彬　**两点半。**
Liǎng diǎn bàn.

朴永俊　**现在几点?**
Xiànzài jǐ diǎn?

周文彬　**差五分两点。**
Chà wǔ fēn liǎng diǎn.

② 🎧056

周文彬　**你明天有几节课?**
Nǐ míngtiān yǒu jǐ jié kè?

金美恩　**我明天上午有两节课，下午有三节课。**
Wǒ míngtiān shàngwǔ yǒu liǎng jié kè, xiàwǔ yǒu sān jié kè.

周文彬　**你下午几点下课?**
Nǐ xiàwǔ jǐ diǎn xiàkè?

金美恩　**大概五点一刻下课。**
Dàgài wǔ diǎn yí kè xiàkè.

周文彬　**下课以后一起看电影，好吗？**
Xiàkè yǐhòu yìqǐ kàn diànyǐng, hǎo ma?

金美恩　**不好意思，我六点还有事儿。**
Bù hǎoyìsi, wǒ liù diǎn hái yǒu shìr.

새 단어 🎧057

회화

课 kè 圐 수업

第 dì 셸 (수사 앞에서) 제

节 jié 앙 교시

点 diǎn 圐 시

两 liǎng 셎 2, 둘

半 bàn 圐 반, 30분

差 chà 圐 부족하다, 모자라다

分 fēn 圐 분

上午 shàngwǔ 圐 오전

大概 dàgài 튄 아마, 대개

一刻 yí kè 圐 15분

以后 yǐhòu 圐 이후

不好意思 bù hǎoyìsi 미안합니다

还 hái 튄 또, 더, 게다가

事儿 shìr 圐 일

주요 표현

个 gè 앙 개, 명, 사람

支 zhī 앙 자루

笔 bǐ 圐 펜, 필기 도구

本 běn 앙 권

杯 bēi 앙 잔, 컵

 • '不好意思 bù hǎoyìsi'는 일상생활에서 쓰는 가벼운 사과 표현이다. 반면 '对不起 duìbuqǐ'는 조금 더 무겁고 깊은 사과의 의미를 담고 있다.

1 第

숫자 앞에 '第'를 붙여 '차례' 또는 '순서'를 나타낼 수 있다.

第一 dì yī   第二 dì èr   第三 dì sān   第四 dì sì   第五 dì wǔ   ……

2 시간 묻고 답하기

중국어로 시간 표현은 '点 diǎn 시', '分 fēn 분', '秒 miǎo 초', '刻 kè 15분', '半 bàn 반, 30분', '差 chà ~전'을 사용해서 나타낸다. 시간을 표현하는 방식은 우리말과 중국어가 거의 비슷하지만 약간의 차이가 있다. 예를 들어 '2시 55분'은 우리말로 '3시 5분 전'이라고도 할 수 있는데, 중국어로 '3시 5분 전'은 '전, 5분, 3시'의 순서로 '差五分三点'이라고 표현한다. 또한 '2시'는 '二点'이 아니라 '两点'임에 주의해야 한다.

2:00	两点 liǎng diǎn	3:00	三点 sān diǎn
2:06	两点零六分 liǎng diǎn líng liù fēn	3:02	三点零二分 sān diǎn líng èr fēn
2:15	两点十五分 liǎng diǎn shíwǔ fēn 两点一刻 liǎng diǎn yí kè	3:12	三点十二分 sān diǎn shí'èr fēn
2:30	两点三十分 liǎng diǎn sānshí fēn 两点半 liǎng diǎn bàn	3:22	三点二十二分 sān diǎn èrshí'èr fēn
2:45	两点四十五分 liǎng diǎn sìshíwǔ fēn 差十五分三点 chà shíwǔ fēn sān diǎn 差一刻三点 chà yí kè sān diǎn	3:45	三点四十五分 sān diǎn sìshíwǔ fēn 差十五分四点 chà shíwǔ fēn sì diǎn 差一刻四点 chà yí kè sì diǎn
2:55	两点五十五分 liǎng diǎn wǔshíwǔ fēn 差五分三点 chà wǔ fēn sān diǎn	3:52	三点五十二分 sān diǎn wǔshí'èr fēn 差八分四点 chà bā fēn sì diǎn

주어진 질문에 알맞게 대답해 보세요.

(1) 现在几点?

_____ 。

(2) 你今天几点下课?

_____ 。

3 양사

우리말의 '권', '마리', '자루'처럼 사람이나 사물의 개수 또는 양을 나타내는 품사를 '양사(量词)'라고 한다. 수사는 직접 명사를 수식할 수 없어 '수사+양사+명사'의 어순으로 표현해야 한다. '둘'을 세는 경우에는 '二'이 아니라 '两'을 쓴다는 점에 주의한다. 중국어는 대상에 따라 쓰이는 양사가 매우 다양하므로 대상과 함께 학습하는 것이 좋다.

예 一个人　　　　两支笔　　　　三本书　　　　四杯咖啡
　　yí ge rén　　liǎng zhī bǐ　　sān běn shū　　sì bēi kāfēi

个 gè 양 개, 명, 사람 | 支 zhī 양 자루 | 笔 bǐ 명 펜, 필기 도구
本 běn 양 권 | 杯 bēi 양 잔, 컵

빈칸에 알맞은 양사를 넣어 보세요.

(1) 一_____学生

(2) 两_____可乐

(3) 三_____汉语书

4 好吗？

'好吗？'는 '~어때?', '~할래?' 정도로 해석할 수 있으며, 보통 문장의 맨 뒤에 붙여 상대방에게 의견을 묻거나 제안할 때 사용한다.

(1) 我们一起吃饭，好吗？
Wǒmen yìqǐ chīfàn, hǎo ma?

(2) 我们一起学汉语，好吗？
Wǒmen yìqǐ xué Hànyǔ, hǎo ma?

(3) 我们一起看电影，好吗？
Wǒmen yìqǐ kàn diànyǐng, hǎo ma?

▮▶ 바로바로 확인! ◀▮

상대방에게 제안하는 표현을 만들어 보세요.

我们一起去学校，＿＿＿＿＿＿？

1 바꿔서 말해 보세요. 🎧058

(1) 我 → 昨天 → 四点二十分 下课。

今天　两点半
明天　六点一刻

(2) 下课以后一起 → 吃饭，好吗?

去图书馆
回家

2 주어진 질문에 알맞게 대답해 보세요.

(1) 你今天几点上课?

_____。

(2) 你有几本汉语书?

_____。

(3) 你明天有课吗?

_____。

3 단어를 올바르게 배열하여 문장을 만들어 보세요.

(1) 几　　　现在　　　点

_____?

(2) 节　　　你　　　有　　　几　　　明天　　　课

_____?

(3) 点　　　你　　　几　　　下课　　　下午

_____?

4 녹음을 듣고 빈칸에 녹음 내용과 일치하는 표현을 써 보세요. 🎧059

(1) A 你_____有课吗?

B 有。

A 你_____上课?

B _____。

A 现在几点?

B _____。

⑵ A 你明天有_____?

B 我明天上午有_____，下午有_____。

A 你下午_____?

B 大概_____下课。

A 下课以后_____?

B 不好意思，我六点还有事儿。

● 중국인과 숫자 ●

중국인이 좋아하는 숫자

8 중국인들은 숫자 8을 좋아한다. 그 이유는 8의 중국어 발음 '八 bā'가 '돈을 벌다'라는 뜻을 가진 '发财 fācái'의 'fā'와 발음이 비슷해서 재물과 복을 불러온다고 믿기 때문이다. 따라서 중국인들은 8이 많이 들어간 차 번호판이나 휴대전화번호를 선호한다고 한다. 베이징 올림픽의 개막일도 2008년 8월 8일이었다고 하니, 중국인들의 숫자 8에 대한 사랑이 얼마나 대단한지 알 수 있다.

6 중국어로 '6(六 liù)'은 '流 liú'와 발음이 비슷하다. 따라서 중국인들은 숫자 6이 순조롭다는 의미를 상징한다고 여겨 좋아한다. '六六大顺 liùliùdàshùn'은 모든 일이 순조롭게 잘 된다는 뜻이다.

9 숫자 '9(九 jiǔ)'는 '영원과 장수'를 뜻하는 '久 jiǔ'와 발음이 같아서 중국인들이 좋아한다. 따라서 오랫동안 해로하라는 의미로 해마다 9월 9일에 결혼하는 사람들이 많다고 한다.

중국인이 싫어하는 숫자

3 숫자 '3(三 sān)'은 홀수인 데다가 '흩어지다'라는 뜻의 '散 sǎn'과 발음이 비슷하여 선호하지 않는다.

4 숫자 '4(四 sì)'는 거의 모든 중국인들이 싫어하는 숫자다. 죽음을 의미하는 '死 sǐ'와 발음이 비슷하기 때문이다. 따라서 중국인들은 날짜나 전화번호, 차량번호 등을 선택할 때 숫자 4를 피한다.

획순에 주의해서 써 보세요.

点
diǎn
丨 卜 忾 占 占 卢 点 点 点

半
bàn
丶 丷 半 半 半

刻
kè
丶 亠 产 亥 亥 亥 刻 刻

两
liǎng
一 厂 丙 丙 丙 两 两

分
fēn
丿 八 分 分

明
míng
丨 冂 日 日 町 明 明 明

节
jié
丶 丨 艹 节 节

课
kè
丶 讠 讠 汩 沪 沪 逆 课 课 课

단어 회화에서 배웠던 단어를 성조에 유의해서 읽어 보세요. 🎧060

- 경성　　的 de
- 제1성　　分 fēn
- 제2성　　茶 chá ｜ 谁 shéi ｜ 节 jié ｜ 还 hái
- 제3성　　想 xiǎng ｜ 有 yǒu ｜ 几 jǐ ｜ 点 diǎn ｜ 两 liǎng
- 제4성　　这 zhè ｜ 那 nà ｜ 月 yuè ｜ 号 hào ｜ 课 kè ｜ 第 dì ｜ 半 bàn ｜ 差 chà ｜ 事儿 shìr

- 제1성+제1성　　咖啡 kāfēi ｜ 今天 jīntiān ｜ 星期 xīngqī
- 제1성+제3성　　英语 Yīngyǔ ｜ 铅笔 qiānbǐ

- 제2성+경성　　还是 háishi
- 제2성+제1성　　回家 huíjiā
- 제2성+제3성　　没有 méiyǒu
- 제2성+제4성　　杂志 zázhì ｜ 一刻 yí kè

- 제3성+경성　　喜欢 xǐhuan
- 제3성+제1성　　好喝 hǎohē
- 제3성+제4성　　以后 yǐhòu

- 제4성+제1성　　这些 zhèxiē
- 제4성+제2성　　绿茶 lǜchá
- 제4성+제3성　　下午 xiàwǔ ｜ 上午 shàngwǔ ｜ 一起 yìqǐ
- 제4성+제4성　　大概 dàgài

- 제1성+제1성+제2성　　中秋节 Zhōngqiūjié
- 제2성+제3성+제2성　　龙井茶 lóngjǐngchá

- **마시고 싶은 것 묻기**

  A 你想喝什么?

  B 我想喝咖啡。

- **사물 가리켜 묻기**

  A 这是什么?

  B 这是汉语书。

- **날짜 묻기**

  A 今天几月几号?

  B 今天九月十一号。

- **일정 묻기**

  A 你今天下午有课吗?

  B 有。第五、六节有课。

- **좋아하는 것 묻기**

  A 你喜欢喝什么?

  B 我喜欢喝茶。

- **소유 묻기**

  A 你有尺子吗?

  B 我没有。

- **선택의문문으로 요일 묻기**

  A 今天星期四还是星期五?

  B 今天星期四。

- **일정 묻기**

  A 你下午几点下课?

  B 大概五点一刻下课。

6과 我想喝咖啡，王诗灵想喝茶，她不喜欢喝咖啡。

王诗灵喜欢喝龙井茶，今天我们一起喝龙井茶，龙井茶很好喝。

7과 这是金美恩的汉语书，那是王诗灵的英语书，那些是我的杂志。

我没有铅笔，王诗灵和金美恩也没有，我们都没有铅笔。

8과 今天九月十一号星期二。中秋节是星期五，不是星期六。

明天是中秋节，不上课，我今天下午回家。

9과 我今天下午第五、六节有课，两点半上课，现在差五分两点。

我明天上午有两节课，下午有三节课，大概五点一刻下课。

下课以后周文彬想看电影，我不看，我六点还有事儿。

1 想

'想'이 조동사로 쓰일 때는 '~하고 싶다', '~할 생각이다'라는 뜻으로, 동사 앞에 놓여 주관적인 바람을 나타낸다. 부정형은 '不想'이다.

你想去食堂吗?
Nǐ xiǎng qù shítáng ma?

我不想喝咖啡。
Wǒ bù xiǎng hē kāfēi.

2 喜欢

'喜欢'은 동사와 결합하여 '~하기 좋아하다'라는 뜻을 나타낼 수도 있고, '喜欢' 뒤에 바로 목적어가 와서 '~을 좋아하다'라는 뜻을 나타낼 수도 있다. 부정형은 '不喜欢'이다.

你喜欢学汉语吗?
Nǐ xǐhuan xué Hànyǔ ma?

我不喜欢他。
Wǒ bù xǐhuan tā.

3 지시대명사

사람 혹은 사물 등을 대신해서 가리킬 때 사용한다.

	가까운 것	먼 것
단수	这	那
복수	这些	那些

这是词典，那是书。
Zhè shì cídiǎn, nà shì shū.

这些是什么词典?
Zhèxiē shì shénme cídiǎn?

那些是什么书?
Nàxiē shì shénme shū?

4 的

'的'는 '~의'라는 뜻으로 소유, 소속, 한정의 관계를 나타낸다.

我的老师是中国人。
Wǒ de lǎoshī shì Zhōngguó rén.

他是我的同学。
Tā shì wǒ de tóngxué.

5 '有'자문

'有'는 '~을 가지고 있다' 또는 '~이 있다'라는 뜻으로, 소유나 존재를 나타낸다. 부정형은
'没有'이다.

我有笔袋。
Wǒ yǒu bǐdài.

他没有尺子。
Tā méiyǒu chǐzi.

6 정반의문문

술어에 있는 동사 또는 형용사의 긍정형과 부정형을 병렬하여 만든 의문문을 '정반의문
문'이라고 한다.

汉语难不难?
Hànyǔ nán bu nán?

你喝不喝茶?
Nǐ hē bu hē chá?

7 谁

'누구'를 뜻하는 '谁'는 사람에 대해 물을 때 사용하는 의문대명사이며, 불특정한 사람을
나타내기도 한다.

他是谁?
Tā shì shéi?

谁喝咖啡?
Shéi hē kāfēi?

8 년, 월, 일의 중국어 표현

'연도'를 읽을 때는 보통 각각의 숫자를 하나씩 읽은 후 '年'을 붙여 준다.

一九九七年
yī jiǔ jiǔ qī nián

二零零八年
èr líng líng bā nián

중국어로 '월'은 수사 뒤에 '月'를 붙이고, '일'은 수사 뒤에 '日' 또는 '号'를 붙여 나타낸다.

昨天五月一号。
Zuótiān wǔ yuè yī hào.

国庆节是十月一号。
Guóqìngjié shì shí yuè yī hào.

9 요일의 중국어 표현

월요일부터 토요일은 '星期' 뒤에 차례대로 '一', '二', '三', '四', '五', '六'를 붙여 나타낸다. 일요일은 '星期天' 또는 '星期日'라고 한다.

월	화	수	목	금	토	일
星期一	星期二	星期三	星期四	星期五	星期六	星期天 星期日

10 선택의문문

접속사 '还是'를 사용하여 'A还是B' 형식으로 질문할 수 있다. 'A입니까 또는 B입니까?'라는 뜻이다.

你是中国人还是韩国人?
Nǐ shì Zhōngguó rén háishi Hánguó rén?

你今天去还是明天去?
Nǐ jīntiān qù háishi míngtiān qù?

11 명사술어문

문장에서 일부 명사, 명사구 또는 수량사 등이 직접 술어로 쓰일 수 있는데, 이를 '명사술어문'이라고 한다. 긍정문에서는 일반적으로 '是'를 쓰지 않지만, 부정형은 술어 앞에 '不是'를 붙인다.

今天星期天。
Jīntiān xīngqītiān.

他不是北京人。
Tā bú shì Běijīng rén.

12 '吧'를 사용한 의문문

어기조사 '吧'를 사용해서 추측의 의미를 나타내는 의문문을 만들 수 있다.

你很累吧?　　　　　　　　您是老师吧?
Nǐ hěn lèi ba?　　　　　　　Nín shì lǎoshī ba?

13 시간 묻고 답하기

중국어로 시간 표현은 '点 diǎn 시', '分 fēn 분', '秒 miǎo 초', '刻 kè 15분', '半 bàn 반, 30분',
'差 chà ~전'을 사용해서 나타낸다.

2:00	两点
2:06	两点零六分
2:15	两点十五分 / 两点一刻
2:30	两点三十分 / 两点半
2:45	两点四十五分 / 差十五分三点 / 差一刻三点
2:55	两点五十五分 / 差五分三点

14 양사

사람이나 사물의 개수 또는 양을 나타내는 품사를 '양사'라고 한다. 수사는 직접 명사를
수식할 수 없어 '수사+양사+명사'의 어순으로 표현해야 한다. '둘'을 세는 경우에는 '二'
이 아니라 '两'을 쓴다는 점에 주의한다.

两个人　　　　　　　　四支铅笔　　　　　　　　五本书
liǎng ge rén　　　　　　sì zhī qiānbǐ　　　　　　wǔ běn shū

회화 🎧062

王诗灵 **你家有几口人?**
Nǐ jiā yǒu jǐ kǒu rén?

朴永俊 **我家有五口人。**
Wǒ jiā yǒu wǔ kǒu rén.

王诗灵 **家里都有什么人?**
Jiā lǐ dōu yǒu shénme rén?

朴永俊 **爸爸、妈妈、一个哥哥、一个弟弟和我。**
Bàba、māma、yí ge gēge、yí ge dìdi hé wǒ.

你家呢?
Nǐ jiā ne?

王诗灵	我家有三口人。我是独生女。
	Wǒ jiā yǒu sān kǒu rén. Wǒ shì dúshēngnǚ.

朴永俊	你今年多大？
	Nǐ jīnnián duō dà?

王诗灵	我今年二十岁，我属虎。你呢？
	Wǒ jīnnián èrshí suì, wǒ shǔ hǔ. Nǐ ne?

朴永俊	我十九，我属兔。
	Wǒ shíjiǔ, wǒ shǔ tù.

王诗灵	那你父母多大年纪？
	Nà nǐ fùmǔ duō dà niánjì?

朴永俊	我爸爸五十六岁，妈妈五十三岁。
	Wǒ bàba wǔshíliù suì, māma wǔshísān suì.

새 단어 🔊063

회화

多大 duō dà (나이가) 몇인가

家 jiā 명 집

口 kǒu 양 명, 식구 [식구 수를 세는 단위]

里 lǐ 명 안, 속

爸爸 bàba 명 아빠

妈妈 māma 명 엄마

哥哥 gēge 명 형, 오빠

弟弟 dìdi 명 남동생

和 hé 전 ~와

独生女 dúshēngnǚ 명 외동딸

岁 suì 명 세, 살 [나이를 세는 단위]

属 shǔ 동 ~띠이다

虎 hǔ 명 호랑이

兔 tù 명 토끼

父母 fùmǔ 명 부모

年纪 niánjì 명 연세, 나이

주요 표현·실력 확인

妹妹 mèimei 명 여동생

奶奶 nǎinai 명 할머니

儿子 érzi 명 아들

马 mǎ 명 말

姐姐 jiějie 명 누나, 언니

女儿 nǚ'ér 명 딸

猴 hóu 명 원숭이

1 가족 수를 묻는 표현

가족 수는 '~이 있다'는 뜻의 동사 '有'를 사용하여 '你家有几口人?'이라고 묻는다. 구체적인 가족 구성원을 물어볼 때는 의문대명사 '什么'를 사용하여 '家里都有什么人?'이라고 한다.

예 (1) A 你家有几口人?
　　　 Nǐ jiā yǒu jǐ kǒu rén?

　　　 B 我家有四口人。
　　　 Wǒ jiā yǒu sì kǒu rén.

(2) A 李老师家有几口人?
　　 Lǐ lǎoshī jiā yǒu jǐ kǒu rén?

　　 B 他家有三口人。
　　 Tā jiā yǒu sān kǒu rén.

(3) A 家里都有什么人?
　　 Jiā lǐ dōu yǒu shénme rén?

　　 B 爸爸、妈妈、妹妹和我。
　　 Bàba、māma、mèimei hé wǒ.

妹妹 mèimei 명 여동생

⫸ 바로바로 확인! ⫷

주어진 질문에 알맞게 대답해 보세요.

A 你家有几口人?

B _____ 。

2 和

'和'는 '~와'라는 뜻으로 명사, 대명사, 명사화된 동사 또는 형용사 등을 병렬할 때 사용한다. 병렬되는 것이 셋 이상일 경우에 '和'는 마지막 둘 사이에 위치한다.

(1) 我和他都是韩国人。
Wǒ hé tā dōu shì Hánguó rén.

(2) 家里有爸爸、妈妈和我。
Jiā lǐ yǒu bàba、māma hé wǒ.

⑪▶ 바로바로 확인! ◀⑪

빈칸에 알맞은 단어를 넣어 문장을 완성해 보세요.

周文彬 _____ 金美恩都是学生。

3 나이를 묻는 표현

중국어로 나이를 묻는 표현은 연령별로 다르다. 성인의 나이를 물을 때는 보통 '多大？'라고 한다. '多'는 '많다'라는 뜻도 있지만 여기서는 '얼마나'라는 뜻으로, 보통 단음절 형용사 앞에서 정도나 분량을 물을 때 사용한다. 연장자에게 나이를 물어볼 때는 '多大年纪？'라고 하며, 10세 이하의 어린이의 나이를 물을 때는 '几岁？'라고 한다.

(1) 你今年多大？
Nǐ jīnnián duō dà?

(2) 你奶奶今年多大年纪？
Nǐ nǎinai jīnnián duō dà niánjì?

(3) 李老师的儿子今年几岁？
Lǐ lǎoshī de érzi jīnnián jǐ suì?

奶奶 nǎinai 몡 할머니 | 儿子 érzi 몡 아들

⑪▶ 바로바로 확인! ◀⑪

주어진 질문에 알맞게 대답해 보세요.

A 你弟弟今年多大？

B _____ 。

4 나이를 말할 때

나이를 말할 때는 나이를 나타내는 숫자 뒤에 '岁'를 붙인다. 그러나 앞뒤 문맥으로 내용이 명확할 경우에는 '岁'를 생략할 수 있다.

예 (1) 我今年十九岁。
Wǒ jīnnián shíjiǔ suì.

(2) 我妈妈五十三。
Wǒ māma wǔshísān.

Ⅲ▶ 바로바로 확인! ◀Ⅲ

빈칸을 채워 문장을 완성해 보세요.

我奶奶今年_____。

5 属

'属'는 띠를 나타낼 때 쓰는 표현이다. '属' 뒤에 직접 띠를 나타내는 표현을 붙여서 '~띠이다'라고 말할 수 있다.

예 (1) A 你属什么?
Nǐ shǔ shénme?

B 我属兔。
Wǒ shǔ tù.

(2) A 你弟弟属什么?
Nǐ dìdi shǔ shénme?

B 他属马。
Tā shǔ mǎ.

马 mǎ 명 말

Ⅲ▶ 바로바로 확인! ◀Ⅲ

주어진 질문에 알맞게 대답해 보세요.

A 你哥哥属什么?

B _____。

1 바꿔서 말해 보세요. 🎧064

(1) A　→周文彬 家有几口人？　B　→周文彬 家有 →五 口人。

　　　　{你}
　　　　{李老师}

　　　　{我}
　　　　{李老师}

　　　　{四}
　　　　{三}

(2) →你姐姐 今年 →多大？

　　{你女儿}
　　{李老师}

　　{几岁}
　　{多大年纪}

姐姐 jiějie 몡 누나, 언니 | **女儿** nǚ'ér 몡 딸

(3) A　→你妈妈 属什么？　B　→我妈妈 属 →猴。

　　　{你爸爸}
　　　{保罗}

　　　{我爸爸}
　　　{保罗}

　　　{虎}
　　　{兔}

猴 hóu 몡 원숭이

2 주어진 문장을 참고하여 대화를 알맞게 완성해 보세요.

(1) A　你家有几口人？

　　B _____。

(2) A _____？

　　B 爸爸，妈妈，妹妹和我。

(3) A 你妈妈今年多大年纪?

B _____ 。

(4) A 你妹妹属什么?

B _____ 。

3 단어를 올바르게 배열하여 문장을 만들어 보세요.

(1) 家 　　 几 　　 有 　　 他 　　 人 　　 口

_____ ?

(2) 有 　 弟弟 　 我 　 一个 　 家里 　 爸爸 　 妈妈 　 和

_____ 。

(3) 你 　　 年纪 　　 奶奶 　　 多大 　　 今年

_____ ?

(4) 属 　　 我 　　 虎 　　 弟弟

_____ 。

4 녹음을 듣고 문제를 풀어 보세요.

(1) 녹음 내용에 이어질 수 있는 문장을 골라 보세요. 🎧065

　　① A　我有一个妹妹。　　B　你家呢?　　　C　我家有四口人。

　　② A　他属兔。　　　　　B　他今年六十。　　C　他是老师。

　　③ A　爸爸、妈妈、一个妹妹和我。
　　　 B　三口人。
　　　 C　我今年三十岁。

(2) 문장이 녹음 내용과 일치하면 ○표, 일치하지 않으면 ×표를 해 보세요. 🎧066

　　① 李老师家有三口人。(　　　)

　　② 李老师的弟弟十九岁。(　　　)

　　③ 他弟弟属虎。(　　　)

● 가족 관계도와 12띠 ●

爷爷 yéye 할아버지　　奶奶 nǎinai 할머니　　外公 wàigōng 외할아버지　　外婆 wàipó 외할머니

爸爸 bàba 아빠　　妈妈 māma 엄마

哥哥 gēge 오빠/형　　姐姐 jiějie 언니/누나　　我 wǒ 나　　弟弟 dìdi 남동생　　妹妹 mèimei 여동생

가족 구성원의 띠를 찾아 보세요.

鼠 shǔ　　牛 niú　　虎 hǔ　　兔 tù　　龙 lóng　　蛇 shé

马 mǎ　　羊 yáng　　猴 hóu　　鸡 jī　　狗 gǒu　　猪 zhū

획순에 주의해서 써 보세요.

爸 bà
ノ ハ ゲ 父 父 爷 爷 爸

妈 mā
く 女 女 奵 妈 妈

哥 gē
一 丁 丏 哥 可 可 可 哥 哥 哥

弟 dì
丶 丷 긋 긋 肖 弟 弟

虎 hǔ
丨 卜 卢 卢 虍 虎 虎

属 shǔ
丿 厂 尸 尸 尸 尽 居 屈 屈 属 属

岁 suì
丨 屮 屮 岁 岁 岁

兔 tù
丿 ク 夕 名 鱼 兔 兔 兔

你爸爸在哪儿工作?

네 아버지는 어디서 일하시니?

회화 🔊067

周文彬 **这是什么?**
Zhè shì shénme?

朴永俊 **这是我们家的全家福。**
Zhè shì wǒmen jiā de quánjiāfú.

周文彬 **我可以看看吗?**
Wǒ kěyǐ kànkan ma?

朴永俊 **当然可以。这是我爸爸,这是我妈妈。**
Dāngrán kěyǐ. Zhè shì wǒ bàba, zhè shì wǒ māma.

周文彬 **你爸爸真年轻啊!他在哪儿工作?**
Nǐ bàba zhēn niánqīng a! Tā zài nǎr gōngzuò?

| 朴永俊 | 他在公司工作，他是经理。 |
| | *Tā zài gōngsī gōngzuò, tā shì jīnglǐ.* |

| 周文彬 | 那你妈妈做什么工作？ |
| | *Nà nǐ māma zuò shénme gōngzuò?* |

| 朴永俊 | 她是小学老师。 |
| | *Tā shì xiǎoxué lǎoshī.* |

| 周文彬 | 这是你哥哥还是你弟弟？ |
| | *Zhè shì nǐ gēge háishi nǐ dìdi?* |

| 朴永俊 | 这是我哥哥，他是医生。 |
| | *Zhè shì wǒ gēge, tā shì yīshēng.* |

새 단어 🎧068

회화

在 zài 〈개〉 ~에서, ~에

工作 gōngzuò 〈동〉 일하다 〈명〉 직업

全家福 quánjiāfú 〈명〉 가족사진

可以 kěyǐ 〈조동〉 ~해도 좋다, ~해도 된다

当然 dāngrán 〈부〉 당연히, 물론

真 zhēn 〈부〉 정말, 아주

年轻 niánqīng 〈형〉 젊다, 어리다

啊 a 〈감〉 문장 끝에 쓰여 감탄을 나타냄

公司 gōngsī 〈명〉 회사

经理 jīnglǐ 〈명〉 사장, 지배인

做 zuò 〈동〉 하다, 종사하다

小学 xiǎoxué 〈명〉 초등학교

医生 yīshēng 〈명〉 의사

주요 표현·실력 확인

学习 xuéxí 〈동〉 공부하다, 배우다

抽烟 chōuyān 〈동〉 담배를 피우다

休息 xiūxi 〈동〉 쉬다, 휴식하다

高中 gāozhōng 〈명〉 고등학교

电视台 diànshìtái 〈명〉 방송국

尝 cháng 〈동〉 맛보다

问 wèn 〈동〉 묻다

想 xiǎng 〈동〉 생각하다

办法 bànfǎ 〈명〉 방법

公务员 gōngwùyuán 〈명〉 공무원

医院 yīyuàn 〈명〉 병원

1 조동사 '可以'

동사 앞에 놓여 동사에 가능, 의지, 희망, 필요 등의 의미를 더해주는 기능을 하는 품사를 조동사라고 한다. '可以'는 '~해도 된다', '해도 좋다'라는 허가의 의미를 나타내는 조동사이다. 이 경우 부정형은 '不可以' 또는 '不能'이다.

> (1) A 我们可以一起学习吗?
> Wǒmen kěyǐ yìqǐ xuéxí ma?
>
> B 当然可以。
> Dāngrán kěyǐ.
>
> (2) 图书馆里不能抽烟。
> Túshūguǎn lǐ bùnéng chōuyān.

学习 xuéxí ⑧ 공부하다, 배우다 | 抽烟 chōuyān ⑧ 담배를 피우다

▶ 바로바로 확인! ◀

빈칸에 알맞은 단어를 넣어 문장을 완성해 보세요.

中午我们_____一起吃饭吗?

2 동사의 중첩

동사를 중첩하면 '좀 ~하다', '한번 ~해 보다'라는 뜻이 되어 동작이 가볍게 이루어지거나 시험삼아 해 봄을 나타낼 수 있다. 1음절 동사는 'AA' 또는 'A一A' 형식으로 중첩하고, 2음절 동사는 'ABAB' 형식으로 중첩한다.

> (1) 看 → 看看/看一看
> kàn　kànkan / kàn yi kàn
>
> 我看看这本书。
> Wǒ kànkan zhè běn shū.

(2) 休息 → 休息休息
    xiūxi   xiūxi xiūxi

    你们休息休息吧。
    Nǐmen xiūxi xiūxi ba.

休息 xiūxi ⑧ 쉬다, 휴식하다

⫸ 바로바로 확인! ⫷

알맞은 단어를 넣어 문장을 완성해 보세요.

我可以_____这本书吗?

3 직장과 직업을 물어보는 표현

'你在哪儿工作?'는 '당신은 어디에서 일하십니까?'라는 뜻으로, 일하는 장소 위주로 대답한다. '你做什么工作?'는 '당신은 무슨 일을 하십니까?'라는 뜻으로, 자신의 직업이 무엇인지 대답하면 된다.

(1) A 你在哪儿工作?
      Nǐ zài nǎr gōngzuò?

    B 我在公司工作。
      Wǒ zài gōngsī gōngzuò.

(2) A 你做什么工作?
      Nǐ zuò shénme gōngzuò?

    B 我是高中老师。
      Wǒ shì gāozhōng lǎoshī.

高中 gāozhōng ⑨ 고등학교

⫸ 바로바로 확인! ⫷

주어진 질문에 알맞게 대답해 보세요.

A 你爸爸在哪儿工作?

B _____。

4 개사 '在'

'在'는 '~에서'라는 의미의 개사로 쓰일 수 있다. '在+장소+동사'의 구조를 이루어 '~에서 ~을 한다'라는 뜻을 나타낸다.

(예) (1) A 你在哪儿学习?
　　　　Nǐ zài nǎr xuéxí?

　　　 B 我在北京大学学习。
　　　　Wǒ zài Běijīng Dàxué xuéxí.

　　 (2) A 你在哪儿吃饭?
　　　　Nǐ zài nǎr chīfàn?

　　　 B 我在学校食堂吃饭。
　　　　Wǒ zài xuéxiào shítáng chīfàn.

▶바로바로 확인!◀

주어진 질문에 알맞게 대답해 보세요.

A 李老师在哪儿上课?

B ＿＿＿＿＿＿＿＿＿＿＿＿＿＿＿＿。

1 바꿔서 말해 보세요. 🎧069

(1) 我 在 → 电视台 → 工作。

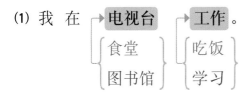

食堂　吃饭
图书馆　学习

电视台 diànshìtái 몡 방송국

(2) → 我 可以 → 回家 吗?

我们　一起看电影
我　尝尝

尝 cháng 동 맛보다

(3) 我 → 问问 → 老师。

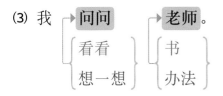

看看　书
想一想　办法

问 wèn 동 묻다 | 想 xiǎng 동 생각하다
办法 bànfǎ 몡 방법

2 주어진 문장을 참고하여 대화를 알맞게 완성해 보세요.

(1) A ＿＿＿＿＿＿＿＿＿＿＿＿＿＿？

　　 B 我爸爸是公务员。

公务员 gōngwùyuán 몡 공무원

(2) A 你弟弟在哪儿工作？

　　 B ＿＿＿＿＿＿＿＿＿＿＿＿＿＿。

(3) A ＿＿＿＿＿＿＿＿＿＿＿＿＿＿？

　　 B 我在食堂吃饭。

(4) A ＿＿＿＿＿＿＿＿＿＿＿＿＿？ (가족 사진을 봐도 되는지 물어보기)

　　 B 可以。

3 단어를 올바르게 배열하여 문장을 만들어 보세요.

(1) 我　　　 北京大学　　　 在　　　 学习　　　 妹妹

　　＿＿＿＿＿＿＿＿＿＿＿＿＿＿＿＿＿＿＿。

(2) 医院　　　 妈妈　　　 在　　　 工作

　　＿＿＿＿＿＿＿＿＿＿＿＿＿＿＿＿＿＿＿。

医院 yīyuàn 몡 병원

(3) 休息　　　吧　　　我们

_____。

(4) 吗　　可以　　的　　全家福　　我　　看一看　　你们家

_____？

4 녹음을 듣고 문제를 풀어 보세요.

(1) 녹음 내용에 이어질 수 있는 문장을 골라 보세요. 🎧070

　　① A　她在电视台工作。　B　我爸爸是经理。　　C　她在食堂吃饭。

　　② A　我喝咖啡。　　　　B　当然可以。　　　　C　我来看看。

　　③ A　我不去学校。　　　B　我想回家。　　　　C　我在家吃饭。

(2) 문장이 녹음 내용과 일치하면 ○표, 일치하지 않으면 ×표를 해 보세요. 🎧071

　　① 我妈妈在学校工作。(　　　　)

　　② 我爸爸是老师。(　　　　)

　　③ 我在公司工作，是经理。(　　　　)

• 직업 명칭 •

公司职员 gōngsī zhíyuán

회사원

歌手 gēshǒu

가수

护士 hùshi

간호사

会计师 kuàijìshī

회계사

记者 jìzhě

기자

警察 jǐngchá

경찰

售货员 shòuhuòyuán

판매원

演员 yǎnyuán

배우

运动员 yùndòngyuán

운동선수

획순에 주의해서 써 보세요.

全 quán
ノ 人 仝 仝 全 全

福 fú
丶 ラ ネ ネ ネ 衤 衤 衤 福 福 福 福

可 kě
一 丁 丌 可 可

以 yǐ
丶 丷 以 以

真 zhēn
一 十 广 古 亩 肯 直 直 真 真

在 zài
一 ナ 广 右 在 在

公 gōng
ノ 八 公 公

司 sī
フ 刁 司 司 司

我来介绍一下

제가 소개할게요.

회화 🎧072

金美恩　李老师，您好！好久不见！
　　　　Lǐ lǎoshī, nín hǎo! Hǎojiǔbújiàn!

李老师　美恩，你好！
　　　　Měi'ēn, nǐ hǎo!

金美恩　李老师，我来介绍一下。这是我的朋友保罗。
　　　　Lǐ lǎoshī, wǒ lái jièshào yíxià. Zhè shì wǒ de péngyou Bǎoluó.

　　　　保罗，这是我的汉语老师。
　　　　Bǎoluó, zhè shì wǒ de Hànyǔ lǎoshī.

保罗　　老师，您好！认识您很高兴。
　　　　Lǎoshī, nín hǎo! Rènshi nín hěn gāoxìng.

　　　　我叫保罗，来自美国。我也在北京大学学习。
　　　　Wǒ jiào Bǎoluó, láizì Měiguó. Wǒ yě zài Běijīng Dàxué xuéxí.

李老师　**你好，保罗！你学什么专业？**
Nǐ hǎo, Bǎoluó! Nǐ xué shénme zhuānyè?

保罗　**我学历史专业。**
Wǒ xué lìshǐ zhuānyè.

李老师　**你为什么学习历史专业呢？**
Nǐ wèishénme xuéxí lìshǐ zhuānyè ne?

保罗　**因为中国的历史很悠久，我对中国历史很感兴趣。**
Yīnwèi Zhōngguó de lìshǐ hěn yōujiǔ, wǒ duì Zhōngguó lìshǐ hěn gǎnxìngqù.

새 단어 🎧073

회화

来 lái 동 다른 동사 앞에 쓰여 어떤 일을 하려는 것을
　　나타냄

介绍 jièshào 동 소개하다

一下 yíxià 영 (동사 뒤에 쓰여) 시험 삼아 해 보다,
　　좀 ~하다

好久不见 hǎojiǔbújiàn 오랜만이에요

认识 rènshi 동 알다

高兴 gāoxìng 형 기쁘다, 즐겁다

来自 láizì 동 ~로부터 오다

专业 zhuānyè 명 전공

历史 lìshǐ 명 역사

为什么 wèishénme 부 왜, 어째서

因为 yīnwèi 접 왜냐하면

悠久 yōujiǔ 형 (역사가) 유구하다, 오래되다

对 duì 개 ~에 대해

感兴趣 gǎnxìngqù 관심이 있다, 흥미가 있다

주요 표현·실력 확인

录音 lùyīn 명 녹음

国际贸易 guójì màoyì 명 국제무역

迟到 chídào 동 지각하다

堵车 dǔchē 동 차가 막히다

苦 kǔ 형 쓰다

经济 jīngjì 명 경제

运动 yùndòng 명 운동

借 jiè 동 빌리다, 빌려주다

1 来

'来'는 술어 앞에 놓여 어떤 일을 하려는 적극성을 나타내거나 상대방에게 어떤 일을 하도록 유도하는 어감을 나타낼 수 있다.

예 (1) 我来介绍一下。
   Wǒ lái jièshào yíxià.

(2) 我来看一下。
   Wǒ lái kàn yíxià.

(3) 你来想办法吧。
   Nǐ lái xiǎng bànfǎ ba.

⏩ 바로바로 확인! ◀⏪

빈칸을 채워 대화를 알맞게 완성해 보세요.

A 他是谁?

B _____, 这是我的老师。

2 一下

'一下'는 동사 뒤에 놓여 동작의 정도가 가볍거나 동작에 소요되는 시간이 짧음을 나타낼 수 있다. 동사의 중첩과 비슷한 역할을 한다.

예 (1) 你们看一下这本书吧。
   Nǐmen kàn yíxià zhè běn shū ba.

(2) 我可以问一下老师吗?
   Wǒ kěyǐ wèn yíxià lǎoshī ma?

(3) 我听一下录音。
   Wǒ tīng yíxià lùyīn.

录音 lùyīn 🔊 녹음

3 来自

'来自……'는 '~로부터 오다'라는 뜻을 나타낸다. '来自' 뒤에는 보통 나라, 지역 등 장소 명사가 온다.

例 (1) 我来自韩国。
　　 Wǒ láizì Hánguó.

(2) 李老师来自北京。
　　 Lǐ lǎoshī láizì Běijīng.

(3) 他来自日本。
　　 Tā láizì Rìběn.

(4) 保罗来自美国。
　　 Bǎoluó láizì Měiguó.

⏸️ 바로바로 확인! ◀

알맞은 단어를 넣어 문장을 완성해 보세요.

美恩_____韩国。 (미은은 한국에서 왔다)

4 전공을 물어보는 표현

의문대명사 '什么'를 사용하여 '你学什么专业?' 또는 '你的专业是什么?'라고 전공을 물어볼 수 있다.

例 (1) A 你学什么专业?
　　　 Nǐ xué shénme zhuānyè?

B 我学英语专业。
　 Wǒ xué Yīngyǔ zhuānyè.

(2) A 你的专业是什么?
　　　 Nǐ de zhuānyè shì shénme?

B 我的专业是国际贸易。
　 Wǒ de zhuānyè shì guójì màoyì.

国际贸易 guójì màoyì 명 국제무역

⏸️ 바로바로 확인! ◀

대답을 참고하여 질문을 알맞게 완성해 보세요.

A 金美恩_____?

B 她学汉语专业。

5 为什么

'为什么'는 '왜', '어째서'라는 뜻의 부사로, 원인이나 이유를 물어볼 때 사용한다. 일반적으로 '因为'를 사용해 대답한다.

(1) A 你为什么迟到?
　　 Nǐ wèishénme chídào?

B 因为堵车。
　 Yīnwèi dǔchē.

(2) A 你为什么不喜欢喝咖啡?
　　 Nǐ wèishénme bù xǐhuan hē kāfēi?

B 因为咖啡很苦。
　 Yīnwèi kāfēi hěn kǔ.

迟到 chídào ⑧ 지각하다 | 堵车 dǔchē ⑧ 차가 막히다
苦 kǔ ⑭ 쓰다

▶ 바로바로 확인! ◀

주어진 질문에 알맞게 대답해 보세요.

A 你为什么去图书馆?

B ＿＿＿＿＿＿＿＿＿＿＿＿＿＿＿＿＿＿。

6 对……感兴趣

'对'는 '~에 대하여'라는 뜻으로 대상에 대한 태도를 나타낼 때 사용할 수 있다. '对……感兴趣'는 '~에 관심이 있다'라는 뜻이며 부정 표현은 '感兴趣' 앞에 '不'를 붙인다.

(1) 我对电影很感兴趣。
　　 Wǒ duì diànyǐng hěn gǎnxìngqù.

(2) 他对经济不感兴趣。
　　 Tā duì jīngjì bù gǎnxìngqù.

经济 jīngjì ⑭ 경제

▶ 바로바로 확인! ◀

대답을 참고하여 질문을 알맞게 완성해 보세요.

A 你＿＿＿＿＿汉语＿＿＿＿＿＿＿＿吗?

B 我对汉语很感兴趣。

1 바꿔서 말해 보세요. 🎧074

(1) 我 来 → 看一下。

听一下
想办法吧

(2) → 我 来自 → 韩国。

他
王诗灵

日本
中国

(3) → 李老师 对 → 电影 感兴趣。

我
他

音乐
运动

运动 yùndòng 📖 운동

2 주어진 문장을 참고하여 대화를 알맞게 완성해 보세요.

(1) A 你学什么专业?

B _____ 。

(2) A _____ ?

B 这是我的朋友保罗。_____ 。 (미국에서 온 친구 소개하기)

(3) A 你为什么学习汉语?

B ＿＿＿＿＿＿＿＿＿＿＿＿＿＿。 (중국어에 관심이 있어서)

(4) A ＿＿＿＿＿＿＿＿＿＿＿＿? (도서관 가는 이유 묻기)

B 因为我想借书。

借 jiè 图 빌리다, 빌려주다

3 단어를 올바르게 배열하여 문장을 만들어 보세요.

(1) 保罗　　专业　　什么　　学

＿＿＿＿＿＿＿＿＿＿＿＿＿＿＿＿＿＿?

(2) 问　　来　　我　　一下　　老师

＿＿＿＿＿＿＿＿＿＿＿＿＿＿＿＿＿＿。

(3) 对　　李老师　　音乐　　感兴趣　　很

＿＿＿＿＿＿＿＿＿＿＿＿＿＿＿＿＿＿。

(4) 他　　喜欢　　为什么　　不　　咖啡　　喝

＿＿＿＿＿＿＿＿＿＿＿＿＿＿＿＿＿＿?

4 녹음을 듣고 문제를 풀어 보세요.

(1) 녹음 내용에 이어질 수 있는 문장을 골라 보세요. 🎧075

　　① A 我喜欢历史。　　B 我的专业是汉语。　C 我来自韩国。

　　② A 这是我的朋友。　B 我来看一下。　　　C 我问问老师。

　　③ A 我是韩国人。　B 我去图书馆。　C 因为我对汉语很感兴趣。

(2) 문장이 녹음 내용과 일치하면 ○표, 일치하지 않으면 ×표를 해 보세요. 🎧076

　　① "我"的朋友是韩国人。(　　　)

　　② "我"很喜欢中国。(　　　)

　　③ 金美恩的专业是历史。(　　　)

● 대학의 전공 ●

'중국의 언어와 문자'라는 뜻의 '中文'과 '학과'를 나타내는 '系'가 합쳐져 '중문과'라는 표현이 된다. 그 밖에 다른 전공 표현들도 알아보자.

中文系 zhōngwén xì 중문과

英文系 yīngwén xì 영문과

经营系 jīngyíng xì 경영학과

经济系 jīngjì xì 경제학과

行政系 xíngzhèng xì 행정학과

法律系 fǎlǜ xì 법학과

心理系 xīnlǐ xì 심리학과

媒体信息系 méitǐ xìnxī xì 언론정보학과

国际贸易系 guójì màoyì xì 국제무역학과

酒店观光系 jiǔdiàn guānguāng xì 호텔관광학과

历史系 lìshǐ xì 역사학과

建筑工学系 jiànzhù gōngxué xì 건축공학과

电子工程系 diànzǐ gōngchéng xì 전자공학과

食品营养系 shípǐn yíngyǎng xì 식품영양학과

획순에 주의해서 써 보세요.

| 介 | ノ 人 介 介 |
| jiè | |

| 绍 | ㄥ ㄥ ㄠ ㄠ 纟 纟 纟 纟 纟 纟 |
| shào | |

| 专 | 一 二 专 专 |
| zhuān | |

| 业 | 丨 丨丨 业 业 业 |
| yè | |

| 历 | 一 厂 厈 历 |
| lì | |

| 史 | 丨 冂 口 史 史 |
| shǐ | |

| 感 | 一 厂 厂 厂 尼 尼 咸 咸 咸 咸 感 感 感 |
| gǎn | |

| 趣 | 一 十 土 キ キ 走 走 走 赴 赴 趄 趄 趄 趣 趣 |
| qù | |

苹果多少钱一斤?

사과 한 근에 얼마예요?

회화 🔊077

老板　同学，你要买什么?
　　　Tóngxué, nǐ yào mǎi shénme?

周文彬　我要买苹果。老板，苹果多少钱一斤?
　　　Wǒ yào mǎi píngguǒ. Lǎobǎn, píngguǒ duōshao qián yì jīn?

老板　三块五一斤，十块钱三斤。
　　　Sān kuài wǔ yì jīn, shí kuài qián sān jīn.

周文彬　酸不酸?
　　　Suān bu suān?

老板　一点儿也不酸，你尝一下。
　　　Yìdiǎnr yě bù suān, nǐ cháng yíxià.

周文彬　很甜，我要三斤。
　　　Hěn tián, wǒ yào sān jīn.

老板　还要别的吗?
　　　Hái yào biéde ma?

周文彬	梨怎么卖？
	Lí zěnme mài?
老板	五块钱一斤。
	Wǔ kuài qián yì jīn.
周文彬	我要两斤。一共多少钱？
	Wǒ yào liǎng jīn. Yígòng duōshao qián?
老板	二十。
	Èrshí.
周文彬	好的。
	Hǎo de.

새 단어 🔊078

회화

苹果 píngguǒ 명 사과

多少 duōshao 때 얼마, 얼마쯤

钱 qián 명 돈

斤 jīn 양 근 [무게의 단위. 一斤 = 500g]

老板 lǎobǎn 명 상점 주인, 사장

要 yào 조동 ～하려고 하다
　　　　동 원하다, 필요하다

买 mǎi 동 사다

块 kuài 양 중국의 화폐 단위 [= 元]

酸 suān 형 시다, 시큼하다

一点儿 yìdiǎnr 양 조금

甜 tián 형 달다, 달콤하다

别的 biéde 때 다른 것

梨 lí 명 배

怎么 zěnme 때 어떻게

卖 mài 동 팔다

一共 yígòng 부 모두, 전부, 합계

주요 표현·실력 확인

橙汁 chéngzhī 명 오렌지 주스

元 yuán 양 위안 [중국의 화폐 단위]

角 jiǎo 양 쟈오 [중국 화폐의 단위. 1위안의 1/10]

分 fēn 양 펀 [중국 화폐의 단위. 1쟈오의 1/10]

毛 máo 양 마오 [중국 화폐의 단위. 1위안의 1/10.
　　　　쟈오의 구어체]

做 zuò 동 만들다

首尔 Shǒu'ěr 고유 서울

1 조동사 '要'

조동사 '要'는 '~하려고 하다'라는 뜻으로, 동사 앞에 쓰여 말하는 사람의 염원이나 의지를 나타낼 수 있다. 부정형은 '不想'이다.

例 (1) A 你要买苹果吗?
　　　Nǐ yào mǎi píngguǒ ma?

　　B 我不想买苹果，我要买梨。
　　　Wǒ bù xiǎng mǎi píngguǒ, wǒ yào mǎi lí.

(2) A 明天你要去哪儿?
　　Míngtiān nǐ yào qù nǎr?

　　B 明天我要去北京。
　　　Míngtiān wǒ yào qù Běijīng.

(3) A 你要吃什么?
　　Nǐ yào chī shénme?

　　B 我要吃面条。
　　　Wǒ yào chī miàntiáo.

▶ 바로바로 확인! ◀

주어진 질문에 알맞게 대답해 보세요.

A 你要买什么?

B ＿＿＿＿＿＿＿＿＿＿＿＿＿＿＿＿＿。

2 동사 '要'

'要'가 동사로 쓰일 때는 '얻기 희망하다', '원하다'라는 뜻으로, 뒤에 바로 목적어가 온다. 부정형은 '필요하지 않다'라는 의미로 '不要'를 사용한다. 조동사 '要'의 부정형과 구별된다.

例 (1) 我要一杯咖啡。
　　 Wǒ yào yì bēi kāfēi.

(2) 他不要橙汁。
　　 Tā bú yào chéngzhī.

橙汁 chéngzhī 명 오렌지 주스

▶ 바로바로 확인! ◀

주어진 질문에 알맞게 대답해 보세요.

A 你要苹果吗?

B ＿＿＿＿＿＿＿＿＿＿＿＿＿＿＿＿＿。

3 중국의 화폐 단위와 돈 읽는 방법

중국의 화폐인 인민폐(人民币 rénmínbì)의 공식 화폐 단위는 '元', '角', '分'이다. 그러나 구어에서는 주로 '块', '毛', '分'을 사용한다. 단위를 두 개 이상 사용했을 경우 마지막 단위는 생략할 수 있으며, 구어에서는 '块'나 '毛', '分'이 단독으로 쓰일 경우 마지막에 '钱'을 붙여 말하기도 한다. 그리고 '2'가 각 단위 앞에 쓰일 때는 '二'이 아니라 '两'으로 읽어 주지만, 금액의 마지막 단위를 생략하는 경우에는 '2'를 '二'로 읽는다. 또한 금액을 숫자로 표기할 때 '元' 아래 단위는 소수점 뒤에 써 준다.

금액	문어체	구어체
6元	六元 liù yuán	六块(钱) liù kuài (qián)
0.6元	六角 liù jiǎo	六毛(钱) liù máo (qián)
0.06元	六分 liù fēn	六分(钱) liù fēn (qián)
2元	两元 liǎng yuán	两块(钱) liǎng kuài (qián)
2.2元	两元两角 liǎng yuán liǎng jiǎo	两块两毛 liǎng kuài liǎng máo 两块二 liǎng kuài èr
10.5元	十元五角 shí yuán wǔ jiǎo	十块五(毛) shí kuài wǔ (máo)
12元	十二元 shí'èr yuán	十二块(钱) shí'èr kuài (qián) 十二(块) shí'èr (kuài)
160元	一百六十元 yìbǎiliùshí yuán	一百六十块(钱) yìbǎiliùshí kuài (qián) 一百六 yìbǎiliù

⑩ 바로바로 확인! ⑩

주어진 질문에 알맞게 대답해 보세요.

A 你的汉语书多少钱?

B _____。

4 一点儿也

'조금', '약간'이라는 뜻의 수량사 '一点儿'과 '~도', '또한'이라는 뜻을 가진 부사 '也'가 함께 쓰이면 '조금도'라는 뜻을 나타낸다. 주로 부정문에 사용한다.

예 (1) 我一点儿也不喜欢他。
　　　Wǒ yìdiǎnr yě bù xǐhuan tā.

　　(2) 这电影一点儿也不好看。
　　　Zhè diànyǐng yìdiǎnr yě bù hǎokàn.

‖▶ 바로바로 확인! ◀‖

주어진 질문에 알맞게 대답해 보세요.

A 汉语难吗?

B _____。

5 怎么

'怎么'는 '어떻게'라는 뜻으로, 동사 앞에 놓여 수단이나 방법을 물을 때 사용하는 의문부사이다.

예 (1) 饺子怎么做?　　　　　　　(2) 苹果怎么卖?
　　　Jiǎozi zěnme zuò?　　　　　　　　　Píngguǒ zěnme mài?

　　(3) 你的名字怎么写?
　　　Nǐ de míngzi zěnme xiě?

做 zuò 통 만들다

‖▶ 바로바로 확인! ◀‖

알맞은 표현을 넣어 문장을 완성해 보세요.

首尔_____?　(서울은 어떻게 가는지 묻기)

首尔 Shǒu'ěr 고유 서울

1 바꿔서 말해 보세요. 🎧079

(1) A

你　要　吃什么？
你们　　喝什么
大家　　看电影吗

B

我　要　吃炒饭。
我们　要　喝咖啡
我们　不想　看电影

(2)

我　要　龙井茶。
他　　饺子
她　　咖啡

(3)

一点儿也不　漂亮。
帅
好吃

2 주어진 문장을 참고하여 대화를 알맞게 완성해 보세요.

(1) A　你要买什么?

　　 B _____ 。

(2) A 苹果多少钱一斤？

B ＿＿＿＿＿＿＿＿＿＿＿＿＿＿＿＿＿＿＿＿。

(3) A ＿＿＿＿＿＿＿＿＿＿＿＿＿＿＿＿＿＿＿＿？

B 一点儿也不酸，你尝一下。

3 단어를 올바르게 배열하여 문장을 만들어 보세요.

(1) 酸　　　一点儿　　　不　　　苹果　　　也

＿＿＿＿＿＿＿＿＿＿＿＿＿＿＿＿＿＿＿＿＿＿＿＿＿＿＿＿。

(2) 你　　　什么　　　买　　　要

＿＿＿＿＿＿＿＿＿＿＿＿＿＿＿＿＿＿＿＿＿＿＿＿＿＿＿＿？

(3) 多少　　　钱　　　一共

＿＿＿＿＿＿＿＿＿＿＿＿＿＿＿＿＿＿＿＿＿＿＿＿＿＿＿＿？

(4) 吗　　　要　　　还　　　别的

＿＿＿＿＿＿＿＿＿＿＿＿＿＿＿＿＿＿＿＿＿＿＿＿＿＿＿＿？

4 녹음을 듣고 문제를 풀어 보세요.

(1) 문장이 녹음 내용과 일치하면 ○표, 일치하지 않으면 ×표를 해 보세요. 🎧080

① 梨二十块钱四斤。（　　　）

② 苹果很甜。（　　　）

③ 一共三十四块。（　　　）

(2) 녹음을 잘 듣고 질문에 알맞은 답을 골라 보세요. 🎧081

① "我"在哪儿买苹果?

A　公司　　　　　B　家　　　　　C　超市　　　　　D　医院

② 苹果多少钱一斤?

A　三块五　　　　B　四块五　　　C　三块　　　　　D　十块五

③ 梨甜不甜?

A　一点儿也不甜　　B　很酸　　C　很甜　　D　一点儿也不酸

● 과일 이름 ●

香蕉 xiāngjiāo 바나나

橙子 chéngzi 오렌지

草莓 cǎoméi 딸기

葡萄 pútao 포도

桃子 táozi 복숭아

甜瓜 tiánguā 참외

西瓜 xīguā 수박

橘子 júzi 귤

芒果 mángguǒ 망고

荔枝 lìzhī 리쯔

획순에 주의해서 써 보세요.

要
yào
一 厂 冂 雨 朿 酉 要 要 要

酸
suān
一 厂 冂 厉 西 酉 酉 酌 酌 酌 酌 酸 酸

甜
tián
一 二 千 千 舌 舌 舌 甜 甜 甜 甜

钱
qián
⺈ ⺈ ⺧ ⺧ 钅 钅 钅 钱 钱 钱

块
kuài
一 十 土 圹 坍 坍 块

别
bié
丨 冂 口 另 另 别 别

怎
zěn
丿 ⺈ 乍 乍 乍 怎 怎 怎 怎

卖
mài
一 十 冉 卉 丰 圭 卖 卖

단어 회화에서 배웠던 단어를 성조에 유의해서 읽어 보세요. 🎧082

- 제1성   家 jiā | 真 zhēn | 斤 jīn | 酸 suān
- 제2성   和 hé | 来 lái | 钱 qián | 甜 tián | 梨 lí
- 제3성   口 kǒu | 里 lǐ | 属 shǔ | 虎 hǔ | 买 mǎi | 挺 tǐng
- 제4성   大 dà | 岁 suì | 兔 tù | 在 zài | 做 zuò | 对 duì | 要 yào | 块 kuài | 卖 mài

- 제1성+경성   妈妈 māma | 哥哥 gēge | 多少 duōshao
- 제1성+제1성   公司 gōngsī
- 제1성+제2성   当然 dāngrán
- 제1성+제3성   经理 jīnglǐ | 悠久 yōujiǔ
- 제1성+제4성   多大 duō dà | 工作 gōngzuò | 高兴 gāoxìng | 专业 zhuānyè

- 제2성+경성   别的 biéde
- 제2성+제1성   年轻 niánqīng
- 제2성+제3성   苹果 píngguǒ
- 제2성+제4성   年纪 niánjì | 一下 yíxià | 来自 láizì | 一共 yígòng

- 제3성+경성   怎么 zěnme
- 제3성+제2성   小学 xiǎoxué
- 제3성+제3성   可以 kěyǐ | 老板 lǎobǎn

- 제4성+경성   爸爸 bàba | 弟弟 dìdi | 认识 rènshi
- 제4성+제3성   父母 fùmǔ | 历史 lìshǐ | 一点儿 yìdiǎnr
- 제4성+제4성   介绍 jièshào

- 제2성+제1성+제2성   全家福 quánjiāfú
- 제2성+제1성+제3성   独生女 dúshēngnǚ
- 제3성+제4성+제4성   感兴趣 gǎnxìngqù

- **가족 수 묻기**

  A 你家有几口人？

  B 我家有五口人。

- **직업 묻기**

  A 你爸爸在哪儿工作？

  B 他在公司工作。

- **친구 소개하기**

  A 我来介绍一下，这是我的朋友保罗。

  B 你好，保罗！

- **가격 묻기**

  A 苹果多少钱一斤？

  B 三块五一斤。

- **나이 묻기**

  A 你今年多大？

  B 我今年二十岁。

- **가족 구성원 묻기**

  A 这是你哥哥还是你弟弟？

  B 这是我哥哥，他是医生。

- **전공 묻기**

  A 你学什么专业？

  B 我学历史专业。

- **주문하기**

  A 还要别的吗？

  B 我还要两斤梨。

11과 我家有五口人，家里有爸爸、妈妈、哥哥、弟弟和我。

我今年十九岁，我属兔，我爸爸五十六岁，妈妈五十三岁。

我家有三口人，爸爸、妈妈和我。我是独生女，今年二十岁，我属虎。

13과 保罗是我的朋友，李老师是我的汉语老师，他们不认识。

保罗来自美国，他学历史专业，因为他对中国的历史很感兴趣。

12과 这是朴永俊家的全家福。他爸爸在公司工作，是经理。

他妈妈是小学老师。他还有一个哥哥，他哥哥是医生。

14과 苹果三块五一斤，十块钱三斤，梨五块钱一斤，三斤苹果两斤梨一共二十块钱。

苹果和梨都很好吃，一点儿也不酸。

1 가족 수를 묻는 표현

A 你家有几口人?
Nǐ jiā yǒu jǐ kǒu rén?

B 我家有四口人。
Wǒ jiā yǒu sì kǒu rén.

2 和

'和'는 '~와'라는 뜻으로 명사, 대명사, 명사화된 동사 또는 형용사 등을 병렬할 때 사용한다. 병렬되는 것이 셋 이상일 경우에 '和'는 마지막 둘 사이에 위치한다.

我和他都是韩国人。
Wǒ hé tā dōu shì Hánguó rén.

爸爸、妈妈和我。
Bàba、māma hé wǒ.

3 나이를 묻는 표현

중국어로 나이를 묻는 표현은 연령별로 다르다.

你奶奶今年多大年纪?
Nǐ nǎinai jīnnián duō dà niánjì?

你今年多大?
Nǐ jīnnián duō dà?

李老师的儿子今年几岁?
Lǐ lǎoshī de érzi jīnnián jǐ suì?

4 나이를 말할 때

나이를 말할 때는 나이를 나타내는 숫자 뒤에 '岁'를 붙인다. 그러나 앞뒤 문맥으로 내용이 명확할 경우에는 '岁'를 생략할 수 있다.

我今年十九岁。
Wǒ jīnnián shíjiǔ suì.

我妈妈五十三。
Wǒ māma wǔshísān.

5 属

'属'는 띠를 나타낼 때 쓰는 표현이다. '属' 뒤에 직접 띠를 나타내는 표현을 붙여서 '~띠 이다'라고 말할 수 있다.

你属什么?
Nǐ shǔ shénme?

我属兔。
Wǒ shǔ tù.

6 可以

'可以'는 '~해도 된다', '해도 좋다'라는 허가의 의미를 나타내는 조동사이다. 이 경우 부정형은 '不可以' 또는 '不能'이다.

我们可以一起学习吗?
Wǒmen kěyǐ yìqǐ xuéxí ma?

图书馆里不能抽烟。
Túshūguǎn lǐ bùnéng chōuyān.

7 동사의 중첩

동사를 중첩하면 '좀 ~하다', '한번 ~해 보다'라는 뜻이 되어 동작이 가볍게 이루어지거나 시험삼아 해 봄을 나타낼 수 있다. 1음절 동사는 'AA' 또는 'A一A' 형식으로 중첩하고, 2음절 동사는 'ABAB' 형식으로 중첩한다.

看 → 看看/看一看
kàn   kànkan / kàn yi kàn

休息 → 休息休息
xiūxi   xiūxi xiūxi

8 在

'在'는 '~에서'라는 의미의 개사로 쓰일 수 있다. '在+장소+동사'의 구조를 이루어 '~에서 ~을 한다'라는 뜻을 나타낸다.

你在哪儿学习?
Nǐ zài nǎr xuéxí?

我在北京大学学习。
Wǒ zài Běijīng Dàxué xuéxí.

9 来

'来'는 술어 앞에서 놓여 어떤 일을 하려는 적극성을 나타내거나 상대방에게 어떤 일을 하도록 유도하는 어감을 나타낼 수 있다.

我来介绍一下。
Wǒ lái jièshào yíxià.

我来看一下。
Wǒ lái kàn yíxià.

10 一下

'一下'는 동사 뒤에 놓여 동작의 정도가 가볍거나 동작에 소요되는 시간이 짧음을 나타낼 수 있다.

看一下
kàn yíxià

问一下
wèn yíxià

11 来自

'来自……'는 '~로부터 오다'라는 뜻을 나타낸다. '来自' 뒤에는 보통 나라, 지역 등 장소 명사가 온다.

我来自韩国。
Wǒ láizì Hánguó.

李老师来自北京。
Lǐ lǎoshī láizì Běijīng.

12 조동사 '要'

조동사 '要'는 '~하려고 하다'라는 뜻으로, 동사 앞에 쓰여 말하는 사람의 염원이나 의지를 나타낼 수 있다. 부정형은 '不想'이다.

A 你要吃什么?
Nǐ yào chī shénme?

B 我要吃面条。
Wǒ yào chī miàntiáo.

13 동사 '要'

'要'가 동사로 쓰일 때는 '얻기 희망하다', '원하다'라는 뜻으로, 뒤에 바로 목적어가 온다. 부정형은 '不要'이다.

我要一杯咖啡。
Wǒ yào yì bēi kāfēi.

他不要橙汁。
Tā bú yào chéngzhī.

14 중국의 화폐 단위와 돈 읽는 방법

인민폐(人民币 rénmínbì)의 공식 화폐 단위는 '元', '角', '分'이다. 그러나 구어에서는 주로 '块', '毛', '分'을 사용한다.

금액	문어체	구어체
6元	六元	六块(钱)
0.6元	六角	六毛(钱)
0.06元	六分	六分(钱)
2元	两元	两块(钱)
2.2元	两元两角	两块两毛 / 两块二
10.5元	十元五角	十块五(毛)
12元	十二元	十二块(钱) / 十二(块)
160元	一百六十元	一百六十块(钱) / 一百六

15 怎么

'怎么'는 동사 앞에 놓여 수단이나 방법을 물을 때 사용하는 의문부사이다.

怎么做?
Zěnme zuò?

怎么卖?
Zěnme mài?

红桥市场在哪儿?

홍챠오시장은 어디에 있니?

회화 🎧084

金美恩　明天我想去红桥市场。咱们一起去，好吗?
Míngtiān wǒ xiǎng qù Hóngqiáo Shìchǎng. Zánmen yìqǐ qù, hǎo ma?

保罗　好啊! 红桥市场在哪儿?
Hǎo a! Hóngqiáo Shìchǎng zài nǎr?

金美恩　在天坛公园附近。
Zài Tiāntán Gōngyuán fùjìn.

保罗　咱们怎么去?
Zánmen zěnme qù?

金美恩　咱们坐公交车去吧。
Zánmen zuò gōngjiāochē qù ba.

保罗	别坐公交车了。咱们坐地铁去，好吗？
	Bié zuò gōngjiāochē le. Zánmen zuò dìtiě qù, hǎo ma?

金美恩	好啊。
	Hǎo a.

保罗	坐几号线？
	Zuò jǐ hào xiàn?

金美恩	坐地铁五号线，在天坛东门站下。
	Zuò dìtiě wǔ hào xiàn, zài Tiāntán dōngmén zhàn xià.

保罗	离这儿远吗？
	Lí zhèr yuǎn ma?

金美恩	不远，大概八站。
	Bù yuǎn, dàgài bā zhàn.

새 단어 🎧085

회화

红桥市场 Hóngqiáo Shìchǎng 고유 홍챠오시장

在 zài 동 ~에 있다

咱们 zánmen 대 우리

啊 a 조 문장 끝에 쓰여 긍정을 나타냄

天坛公园 Tiāntán Gōngyuán 고유 천단공원

附近 fùjìn 명 부근, 근처

坐 zuò 동 (교통 수단을) 타다

公交车 gōngjiāochē 명 버스

别 bié 부 ~하지 마라

地铁 dìtiě 명 지하철

号 hào 명 (차례나 순번을 표시하는) 번호

线 xiàn 명 노선

东门 dōngmén 명 동문

站 zhàn 명 정류장, 역

下 xià 동 내리다

离 lí 개 ~에서, ~로부터

这儿 zhèr 대 여기, 이곳

远 yuǎn 형 멀다

주요 표현·실력 확인

自行车 zìxíngchē 명 자전거

摩托车 mótuōchē 명 오토바이

那儿 nàr 대 그곳, 저곳, 거기, 저기

打游戏 dǎ yóuxì 게임을 하다

近 jìn 형 가깝다

放假 fàngjià 동 방학하다

1 咱们

앞서 배웠던 '我们'과 '咱们'은 모두 '우리(들)'이라는 뜻이다. 하지만 이 둘에는 약간의 차이가 있다. '我们'은 듣는 사람을 포함할 수도 있고, 포함하지 않을 수도 있다. 하지만 '咱们'은 반드시 말하는 사람과 듣는 사람 모두를 포함하며, 보통 구어에서 쓰인다.

(1) A 你们去哪儿?
　　 Nǐmen qù nǎr?

　　 B 我们去图书馆。
　　 Wǒmen qù túshūguǎn.

(2) A 我也去图书馆。
　　 Wǒ yě qù túshūguǎn.

　　 B 咱们一起去吧。
　　 Zánmen yìqǐ qù ba.

2 동사 '在'

'在'가 동사로 쓰일 때는 '~에 있다'라는 뜻으로, '在+장소'의 형식으로 사용한다.

(1) 地铁站在哪儿?
　　 Dìtiězhàn zài nǎr?

(2) 公交车站在哪儿?
　　 Gōngjiāochē zhàn zài nǎr?

(3) A 你在家吗?
　　 Nǐ zài jiā ma?

　　 B 我不在家，我在学校。
　　 Wǒ bú zài jiā, wǒ zài xuéxiào.

▶ 바로바로 확인! ◀

주어진 질문에 알맞게 대답해 보세요.

A 你在哪儿?

B _____ 。

3 '坐'와 '骑'

'坐'가 교통수단과 함께 쓰이면 '~을 타다'라는 뜻을 나타낸다.

예 坐公交车 zuò gōngjiāochē　　　　坐地铁 zuò dìtiě

오토바이나 자전거처럼 기마자세로 타는 교통수단에는 '骑'를 사용한다.

예 骑自行车 qí zìxíngchē　　　　骑摩托车 qí mótuōchē

自行车 zìxíngchē 명 자전거 | 摩托车 mótuōchē 명 오토바이

■▶ 바로바로 확인! ◀■

교통수단에 알맞은 동사를 넣어 표현을 완성해 보세요.

(1) _____ 地铁 (지하철을 타다)

(2) _____ 自行车 (자전거를 타다)

4 别……了

'别……'는 '~하지 마라'라는 뜻이다. 명령의 의미를 갖고 있는 '别+동사' 표현과 달리 '别'가 어기조사 '了'와 함께 쓰이면 '(하던 일을) 그만 하라'라는 의미로 비교적 완곡한 어기를 나타낸다.

예 (1) 别去那儿了。
　　　　Bié qù nàr le.

(2) 别看手机了。
　　　　Bié kàn shǒujī le.

那儿 nàr 때 그곳, 저곳, 거기, 저기

■▶ 바로바로 확인! ◀■

빈칸에 알맞은 표현을 넣어 문장을 완성해 보세요.

_____ 打游戏 _____ (게임하지 말아라.)

打游戏 dǎ yóuxì 게임을 하다

5 离

전치사 '离'는 '~에서', '~로부터'라는 뜻으로, 기준이 되는 장소 또는 시간 앞에 놓여 공간적 거리나 시간적 거리를 나타낼 수 있다.

(1) 我的公司离首尔站很近。
Wǒ de gōngsī lí Shǒu'ěr zhàn hěn jìn.

(2) 我家离学校很远。
Wǒ jiā lí xuéxiào hěn yuǎn.

(3) 现在离放假还有两个月。
Xiànzài lí fàngjià hái yǒu liǎng ge yuè.

近 jìn 📙 가깝다 | 放假 fàngjià 🈺 방학하다

॥▶ 바로바로 확인! ◀॥

빈칸에 알맞은 표현을 넣어 문장을 완성해 보세요.

这儿_____地铁站很近。

1 바꿔서 말해 보세요. 🎧086

(1) **食堂** 在 哪儿?
公交车站
地铁站

(2) 咱们 **坐** **地铁** 去吧。
坐　公交车
骑　自行车
骑　摩托车

(3) A **超市** 离 **你家** 远吗?
地铁站　学校
你家　　公交车站

B **超市** 离 **我家** **不远**。
地铁站　学校　　很远
我家　　公交车站　很近

2 주어진 문장을 참고하여 대화를 알맞게 완성해 보세요.

(1) A ＿＿＿＿＿＿＿＿＿＿＿＿＿＿＿＿＿?

B 公交车站在那儿。

(2) A 你家在哪儿?

B ＿＿＿＿＿＿＿＿＿＿＿＿＿＿＿。

(3) A 咱们怎么去市场?

B _____ 。

(4) A _____ ?

B 食堂离这儿不远。

3 단어를 올바르게 배열하여 문장을 만들어 보세요.

(1) 离   这儿   公交车站   吗   远

_____ ?

(2) 天坛公园   附近   在   红桥市场

_____ 。

(3) 地铁站   哪儿   在

_____ ?

4 녹음을 듣고 문제를 풀어 보세요.

(1) 문장이 녹음 내용과 일치하면 ○표, 일치하지 않으면 ×표를 해 보세요. 🎧087

① 明天金美恩和朴永俊一起去天坛公园。(   )

② 天坛公园离学校不远。(   )

③ 天坛公园离红桥市场不远。(   )

④ 他们明天坐地铁去。(   )

(2) 녹음 내용에 이어질 수 있는 문장을 골라 보세요. 🎧088

① A 在红桥市场附近   B 在学校   C 坐地铁

② A 在学校附近   B 坐公交车去   C 我不去

③ A 我家不在首尔。
   B 我家离学校不远。
   C 我家在电视台附近。

●중국의 교통수단●

중국의 기차

중국은 넓은 땅으로 인해 장거리를 이동할 수 있는 기차가 발달하였다. 이동 시간이 대부분 길기 때문에 중국의 기차에는 침대칸이 있는 것이 특징인데, '딱딱한 좌석(硬座 yìngzuò)', '푹신한 좌석(软座 ruǎnzuò)', '딱딱한 침대칸(硬卧 yìngwò)', '푹신한 침대칸(软卧 ruǎnwò)' 이렇게 네 가지로 나누어져 있다. '딱딱한 좌석(硬座)'은 가장 일반적인 좌석으로, 90도로 된 딱딱한 의자로 되어 있다. '푹신한 좌석(软座)'은 주로 중·단거리용 기차에서 볼 수 있다. '딱딱한 침대칸(硬卧)'은 얇은 매트리스로 된 딱딱한 침대로 되어 있는 칸이다. 한 칸은 상중하로 나눠져 있고 6인 1실이며, 복도 쪽은 칸막이나 문이 따로 없다. 반면 '푹신한 침대칸(软卧)'은 한 칸이 상하로 나눠져 있는 4인 1실로, 따로 칸막이가 있어 안에서 문을 잠글 수도 있다. 일반 기차에서 가장 비싼 칸이며, 그중에서 아래쪽 침대가 조금 더 비싸다.

▼ 딱딱한 침대칸 내부

◀ 복도

복도 ▶

푹신한 침대칸 내부 ▲

다양한 교통수단

중국의 도시에는 자전거나 인력거, 오토바이, 택시 등 다양한 교통수단이 어우러져 있다. 다양한 교통수단의 중국어 표현을 익혀 보자.

人力车 rénlìchē 인력거	出租车 chūzūchē 택시	轻轨 qīngguǐ 경전철
私家车 sījiāchē 자가용	飞机 fēijī 비행기	船 chuán 배
高铁 gāotiě 고속철도	电动自行车 diàndòng zìxíngchē 전동자전거	

획순에 주의해서 써 보세요.

车 chē	一 艺 左 车
地 dì	一 十 土 圹 地 地
铁 tiě	丿 左 车 车 钅 钅 铁 铁 铁
站 zhàn	丶 立 方 立 立 站 站 站 站 站
线 xiàn	乚 纟 纟 纟 纟 线 线 线
离 lí	丶 亠 亣 亣 离 离 离 离 离
远 yuǎn	一 二 亓 元 元 远 远
近 jìn	一 厂 斤 斤 近 近 近

你周末去哪儿了？

너는 주말에 어디 갔었니?

회화 🎧089

王诗灵	你周末去哪儿了？ Nǐ zhōumò qù nǎr le?
金美恩	我和保罗去天坛公园了。 Wǒ hé Bǎoluó qù Tiāntán Gōngyuán le.
王诗灵	天坛公园好玩儿吗？ Tiāntán Gōngyuán hǎowánr ma?
金美恩	人很多，挺热闹的。你周末去哪儿了？ Rén hěn duō, tǐng rènao de. Nǐ zhōumò qù nǎr le?
王诗灵	我去颐和园了。 Wǒ qù Yíhéyuán le.
金美恩	颐和园远吗？ Yíhéyuán yuǎn ma?
王诗灵	不太远，就在我们学校附近。 Bútài yuǎn, jiù zài wǒmen xuéxiào fùjìn.

金美恩	听说颐和园比天坛公园还大。 Tīngshuō Yíhéyuán bǐ Tiāntán Gōngyuán hái dà.
王诗灵	是的，天坛公园没有颐和园大。 Shì de, Tiāntán Gōngyuán méiyǒu Yíhéyuán dà.
金美恩	以后有机会我也去。 Yǐhòu yǒu jīhuì wǒ yě qù. 对了，下周我想去长城，咱们一起去，怎么样？ Duì le, xiàzhōu wǒ xiǎng qù Chángchéng, zánmen yìqǐ qù, zěnmeyàng?
王诗灵	好的，没问题。 Hǎo de, méi wèntí.

새 단어 🔊090

회화

周末 zhōumò 명 주말

好玩儿 hǎowánr 형 재미있다, 놀기가 좋다

挺 tǐng 부 매우, 상당히, 아주

热闹 rènao 형 떠들썩하다, 시끌벅적하다

颐和园 Yíhéyuán 고유 이화원

不太 bútài 별로, 그다지 ~지 않다

就 jiù 부 바로

听说 tīngshuō 동 듣자(하)니, 듣건대

比 bǐ 개 ~에 비해, ~보다

还 hái 부 더, 더욱

大 dà 형 크다, 넓다

没有 méiyǒu 동 ~만 못하다

以后 yǐhòu 명 이후

机会 jīhuì 명 기회

对了 duì le 감 맞아!, 아 참!

下周 xiàzhōu 명 다음 주

长城 Chángchéng 고유 만리장성

怎么样 zěnmeyàng 어떻다, 어떠하다

没问题 méi wèntí 동 문제 없다

주요 표현·실력 확인

补习班 bǔxíbān 명 학원

没 méi 부 ~하지 않았다 [과거 부정]

简单 jiǎndān 형 간단하다, 쉽다

泡菜 pàocài 명 김치

烧酒 shāojiǔ 명 소주

啤酒 píjiǔ 명 맥주

忙 máng 형 바쁘다

更 gèng 부 더욱, 더, 훨씬

1 어기조사 '了'

'了'는 문장 끝에 놓여 과거에 어떤 일이 이미 발생하였음을 나타낼 수 있다. 부정형은 동사 앞에 '没'를 붙이고, 이때는 문장 끝에 '了'를 붙이지 않는다.

예 (1) 我昨天去补习班了。(긍정)　　　我昨天没去补习班。(부정)
　　　Wǒ zuótiān qù bǔxíbān le.　　　Wǒ zuótiān méi qù bǔxíbān.

　　(2) 我中秋节回家了。(긍정)　　　我中秋节没回家。(부정)
　　　Wǒ Zhōngqiūjié huíjiā le.　　　Wǒ Zhōngqiūjié méi huíjiā.

补习班 bǔxíbān 명 학원 | 没 méi 부 ~하지 않았다 [과거 부정]

⫸ 바로바로 확인! ⫷

질문에 알맞게 대답해 보세요.

A　你周末去哪儿了?

B　_____。

2 挺……的

'挺'은 '매우', '상당히'라는 뜻으로, 술어 앞에서 정도를 강조하는 정도부사이다. 주관적인 정도를 나타낼 때 쓰인다. 문장 끝에 '的'를 붙여 '挺……的'의 고정 형식으로 사용하는 경우가 많은데, '的'는 생략할 수 있다.

예 (1) 汉语挺简单的。　　　(2) 泡菜挺好吃的。
　　　Hànyǔ tǐng jiǎndān de.　　　Pàocài tǐng hǎochī de.

　　(3) 烧酒挺好喝的。
　　　Shāojiǔ tǐng hǎohē de.

简单 jiǎndān 형 간단하다, 쉽다 | 泡菜 pàocài 명 김치
烧酒 shāojiǔ 명 소주

질문에 알맞게 대답해 보세요.

A 韩国怎么样?

B _____ 。

3 不太

'不太'는 '그다지 ~하지 않다'라는 뜻으로, 부정의 의미를 완곡하게 나타낸다.

(1) 啤酒不太好喝。
Píjiǔ bútài hǎohē.

(2) 我今天不太忙。
Wǒ jīntiān bútài máng.

(3) 我的作业不太多。
Wǒ de zuòyè bútài duō.

啤酒 píjiǔ 명 맥주 | 忙 máng 형 바쁘다

질문에 알맞게 대답해 보세요.

A 首尔站远吗?

B _____ 。

4 比

개사 '比'를 사용해 두 대상의 성질이나 특징 또는 정도의 차이를 비교할 수 있다. 'A+比+B+술어(형용사)'의 형식으로 쓰는데, 이때 술어는 비교의 결과를 나타낸다. 술어 앞에 부사 '还', '更'을 써서 차이의 정도를 강조할 수 있지만 '很', '太' 등의 정도부사는 쓸 수 없다. 부정형은 'A+没有+B+술어(형용사)'의 형식으로 나타내며 'A는 B만큼 못하다'라는 뜻이다.

(1) 我比她漂亮。
    Wǒ bǐ tā piàoliang.

(2) 我比她还漂亮。
    Wǒ bǐ tā hái piàoliang.

(3) 我比她更漂亮。
    Wǒ bǐ tā gèng piàoliang.

(4) 她没有我漂亮。
    Tā méiyǒu wǒ piàoliang.

更 gèng ⊕ 더욱, 더, 훨씬

▶ 바로바로 확인! ◀

주어진 질문을 참고하여 대답해 보세요.

A 你和你妹妹，谁更漂亮？

B _____ 。

1 바꿔서 말해 보세요. 🎧091

(1) 我 ┌ 买书 ┐ 了。
　　　├ 回家 ┤
　　　└ 去学校 ┘

(2) ┌ 英语 ┐ 比 ┌ 汉语 ┐ ┌ 难 ┐。
　　├ 他 ┤　　├ 我 ┤　├ 忙 ┤
　　└ 今天 ┘　└ 昨天 ┘　└ 热 ┘

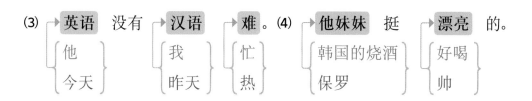

(3) ┌ 英语 ┐ 没有 ┌ 汉语 ┐ ┌ 难 ┐。 (4) ┌ 他妹妹 ┐ 挺 ┌ 漂亮 ┐ 的。
　　├ 他 ┤　　　├ 我 ┤　├ 忙 ┤　　├ 韩国的烧酒 ┤　├ 好喝 ┤
　　└ 今天 ┘　　└ 昨天 ┘　└ 热 ┘　　└ 保罗 ┘　　　└ 帅 ┘

2 주어진 질문에 알맞게 대답해 보세요.

(1) A 你周末去哪儿了?

　　B ＿＿＿＿＿＿＿＿＿＿＿＿＿＿＿＿＿＿＿＿＿ 。

(2) A 你家远吗?

　　B ＿＿＿＿＿＿＿＿＿＿＿＿＿＿＿＿＿＿＿＿＿ 。

(3) A 对了，下周六我要去长城，咱们一起去，怎么样?

　　B ＿＿＿＿＿＿＿＿＿＿＿＿＿＿＿＿＿＿＿＿＿ 。

3 단어를 올바르게 배열하여 문장을 만들어 보세요.

(1) 颐和园　　大　　听说　　比　　还　　天坛公园

　　_____。

(2) 一起　　咱们　　怎么样　　去

　　_____？

(3) 学校　　附近　　颐和园　　在　　我们

　　_____。

(4) 哪儿　　你　　了　　去　　周末

　　_____？

4 녹음을 듣고 문제를 풀어 보세요.

(1) 문장이 녹음 내용과 일치하면 ○표, 일치하지 않으면 ×표를 해 보세요. 🎧092

　　① 颐和园在我们学校附近。（　　　）

　　② 以后有机会我也想去天坛公园。（　　　）

　　③ 我们星期六一起去长城。（　　　）

(2) 녹음을 잘 듣고 질문에 알맞은 답을 골라 보세요. 🔊093

① "我"昨天去哪儿了?

    A 天坛公园   B 颐和园   C 长城

② 天坛公园怎么样?

    A 不大   B 人不太多   C 很热闹

③ 颐和园怎么样?

    A 比天坛公园大   B 人很多   C 没有天坛公园大

● 베이징의 명승지 ●

故宫 Gùgōng 고궁

명나라와 청나라 때 황제가 거처하던 궁궐이다. 이전에는 자금성(紫禁城 Zǐjìnchéng)이라고 불렸으나, 현재는 박물관으로 용도가 변경되고 일반에 공개되면서 '故宫'이라고 불린다.

天坛公园 Tiāntán Gōngyuán 천단공원

원래 천단은 황제가 제천 의식을 행하던 곳으로, 현존하는 중국 최대의 제단이다. 1420년 영락제에 의해 세워졌고 청대에 이르러 개축되었다.

长城 Chángchéng 만리장성

이민족의 침략을 막기 위해 쌓은 성벽을 진시황이 연결하여 명나라 때 완성한 거대한 성곽이다.

颐和园 Yíhéyuán 이화원

서태후가 여름 피서지로 사용하였던 궁전이다. 천안문 북서쪽에 위치해 있으며 현존하는 중국 최대의 별궁이자 황실 정원이다.

明十三陵 Míngshísānlíng 명십삼릉

베이징시 천수산에 위치한 역대 명나라 황제와 황후의 능묘군이다. 역대 황제의 능묘군 중 가장 오랜 기간 건설된 것으로 유명하다.

北海公园 Běihǎi Gōngyuán 북해공원

자금성 북쪽에 위치해 있으며, 커다란 호수를 끼고 있는 공원이다. 71만m²의 공원 부지 중에 북해가 39만m²나 차지하고 있어 북해공원이라 부른다.

획순에 주의해서 써 보세요.

周 zhōu
丿 冂 月 月 月 周 周 周

挺 tǐng
一 十 扌 扌 扌 扌 挺 挺 挺

热 rè
一 十 扌 扌 执 执 热 热 热 热

闹 nào
丶 亠 门 门 闩 闬 闹 闹

颐 yí
一 亠 产 产 产 臣 臣 臣 臣 颐 颐

题 tí
丨 冂 日 日 旦 早 早 是 是 是 是 题 题 题

啤 pí
丨 冂 口 口 口 口 旷 啤 啤 啤

城 chéng
一 十 土 扩 圹 圻 城 城 城

请问，是中文系办公室吗？

말씀 좀 여쭐게요. 중문과 사무실인가요?

회화 🎧094

金美恩　喂，请问，是中文系办公室吗？
　　　　Wèi, qǐngwèn, shì zhōngwén xì bàngōngshì ma?

老师　　是的，您找哪位？
　　　　Shì de, nín zhǎo nǎ wèi?

金美恩　李老师在吗？
　　　　Lǐ lǎoshī zài ma?

老师　　他正在开会呢，您是哪位？
　　　　Tā zhèngzài kāihuì ne, nín shì nǎ wèi?

金美恩　我叫金美恩，是李老师的学生，我想请假。
　　　　Wǒ jiào Jīn Měi'ēn, shì Lǐ lǎoshī de xuésheng, wǒ xiǎng qǐngjià.

老师　　是病假吗？
　　　　Shì bìngjià ma?

| 金美恩 | 不是，我明天要参加比赛，不能去上课。 |
| | Bú shì, wǒ míngtiān yào cānjiā bǐsài, bùnéng qù shàngkè. |

| 老师 | 好的，我会转告他的。 |
| | Hǎode, wǒ huì zhuǎngào tā de. |

| 金美恩 | 谢谢您! |
| | Xièxie nín! |

| 老师 | 不客气。再见。 |
| | Bú kèqi. Zàijiàn. |

| 金美恩 | 再见。 |
| | Zàijiàn. |

새 단어 ⑨095

회화

请问 qǐngwèn (통) 말씀 좀 여쭙겠습니다

中文系 zhōngwén xì 중문과

办公室 bàngōngshì (명) 사무실

喂 wèi (감) (전화상에서) 여보세요

找 zhǎo (통) 찾다

正在 zhèngzài (부) 지금 ~하고 있다

开会 kāihuì (통) 회의를 열다

请假 qǐngjià (통) 휴가, 조퇴, 결석 등을 신청하다

病假 bìngjià (명) 병가, 병결

参加 cānjiā (통) 참가하다, 참여하다

比赛 bǐsài (명) 경기, 시합

能 néng (조동) ~할 수 있다

会 huì (조동) ~할 것이다, ~할 가능성이 있다

转告 zhuǎngào (통) 말을 전달하다

주요 표현·실력 확인

卫生间 wèishēngjiān (명) 화장실

打电话 dǎ diànhuà 전화를 걸다, 전화하다

电视剧 diànshìjù (명) 텔레비전 드라마

非常 fēicháng (부) 매우, 대단히

接电话 jiē diànhuà 전화를 받다

电影院 diànyǐngyuàn (명) 영화관

网吧 wǎngbā (명) PC방

努力 nǔlì (통) 노력하다, 열심히 하다

酒吧 jiǔbā (명) 술집, 바(bar)

酒 jiǔ (명) 술

方便面 fāngbiànmiàn (명) 라면

잠깐 체크! • '喂'의 원래 성조는 제4성이지만 전화 통화를 할 때는 제2성으로 발음한다.

1 请问

'请问'은 상대방에게 무언가를 물으려고 할 때 쓰는 공손한 표현으로, 우리말로 '말씀 좀 여쭐게요' 정도의 표현이다.

예 (1) 请问，李老师在家吗？
　　　 Qǐngwèn, Lǐ lǎoshī zài jiā ma?

(2) 请问，地铁站在哪儿？
　　 Qǐngwèn, dìtiězhàn zài nǎr?

(3) 请问，卫生间在哪儿？
　　 Qǐngwèn, wèishēngjiān zài nǎr?

卫生间 wèishēngjiān 명 화장실

▮▶ 바로바로 확인! ◀▮

주어진 문장을 참고하여 알맞게 질문해 보세요.

A _____?

B 李老师在学校上课。

2 正在

동사 앞에 부사 '正在', '正', '在' 중 하나를 붙이거나 문장 끝에 '呢'를 놓아서 동작의 진행을 나타낼 수 있다. '正在', '正', '在'는 각각 '呢'와 함께 사용하기도 한다.

예 (1) 美恩正在看电影呢。
　　　 Měi'ēn zhèngzài kàn diànyǐng ne.

(2) 他正打电话呢。
　　 Tā zhèng dǎ diànhuà ne.

(3) 李老师在上课(呢)。
Lǐ lǎoshī zài shàngkè (ne).

(4) 我看电视剧呢。
Wǒ kàn diànshìjù ne.

打电话 dǎ diànhuà 전화를 걸다, 전화하다
电视剧 diànshìjù 📺 텔레비전 드라마

⑾▶ 바로바로 확인! ◀⑾

빈칸에 알맞은 단어를 넣어 문장을 완성해 보세요.

我_____上课呢。

3 조동사 '能'

조동사 '能'은 시간이나 능력상 객관적으로 가능한 조건을 갖추고 있음을 의미한다. 부정 표현은 '不能'이다.

(1) 我明天没有课，能回家。
Wǒ míngtiān méiyǒu kè, néng huíjiā.

(2) 今天我作业非常多，不能去看电影。
Jīntiān wǒ zuòyè fēicháng duō, bùnéng qù kàn diànyǐng.

非常 fēicháng 🔅 매우, 대단히

⑾▶ 바로바로 확인! ◀⑾

빈칸에 알맞은 단어를 넣어 문장을 완성해 보세요.

李老师正在上课，_____接电话。

接电话 jiē diànhuà 전화를 받다

4 연동문

하나의 문장에 두 개 이상의 동사가 연이어 출현하는 문장을 '연동문'이라고 한다. 이때 동사 또는 동사구는 시간의 순서에 따라 나열한다. 연동문은 기본적으로 '주어+동사1+목적어1+동사2+목적어2' 형식으로 이루어지는데, 첫 번째 동사가 '来'나 '去'일 경우 '목적어 1'을 생략하여 '주어+来/去+동사2+목적어2'로 쓸 수 있다.

(1) 他来我家吃饭。
Tā lái wǒ jiā chīfàn.

(2) 他来吃饭。
Tā lái chīfàn.

(3) 姐姐去电影院看电影。
Jiějie qù diànyǐngyuàn kàn diànyǐng.

(4) 姐姐去看电影。
Jiějie qù kàn diànyǐng.

电影院 diànyǐngyuàn 🌑 영화관

⏸▶ 바로바로 확인! ◀⏸

빈칸에 알맞은 단어를 넣어 문장을 완성해 보세요.

我 _____ 网吧打游戏。

网吧 wǎngbā 🌑 PC방

5 会……的

'会'는 '的'와 함께 쓰여 '~하는 것이 확실하다' 또는 '~하는 것을 약속하겠다'라는 뜻을 나타낼 수 있다.

(1) 我会去学校的。
Wǒ huì qù xuéxiào de.

(2) 他会来的。
Tā huì lái de.

(3) 李老师不会迟到的。
Lǐ lǎoshī bú huì chídào de.

⏸▶ 바로바로 확인! ◀⏸

빈칸에 알맞은 단어를 넣어 문장을 완성해 보세요.

我 _____ 努力 _____。

努力 nǔlì 🌑 노력하다, 열심히 하다

1 바꿔서 말해 보세요. 🎧096

(1)

他　正在 → 上课。
我
李老师

吃饭
开会

(2) 我明天 → 有事儿，不能 → 去看电影。
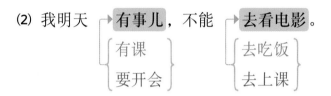
有课
要开会

去吃饭
去上课

(3) 我去 → 学校 → 上课。

酒吧
超市

喝酒
买方便面

酒吧 jiǔbā 몡 술집, 바(bar) | 酒 jiǔ 몡 술 | 方便面 fāngbiànmiàn 몡 라면

2 주어진 질문에 알맞게 대답해 보세요.

(1) A 请问，是中文系办公室吗?

B _____。

(2) A 李老师在吗?

B _____。

(3) A 您是哪位?

    B _____ 。

(4) A 你为什么请假?

    B _____ 。

3 단어를 올바르게 배열하여 문장을 만들어 보세요.

(1) 上课　　　李老师　　　正在　　　呢

    _____ 。

(2) 参加　　　我　　　要　　　明天　　　比赛

    _____ 。

(3) 明天　　　不　　　能　　　去　　　我　　　上课

    _____ 。

(4) 转告　　　会　　　他　　　我　　　的

    _____ 。

4 녹음을 듣고 문제를 풀어 보세요.

(1) 문장이 녹음 내용과 일치하면 ○표, 일치하지 않으면 ×표를 해 보세요. 🎧097

① 李老师在开会。(　　　)

② 朴永俊是李老师的学生。(　　　)

③ 朴永俊要参加比赛，不能去上课。(　　　)

④ 朴永俊今天请假。(　　　)

(2) 녹음 내용에 이어질 수 있는 문장을 골라 보세요. 🎧098

① A 李老师不在。　　B 你想请假吗?　　C 是的，您找哪位?

② A 他正在上课。　　B 他是中国人。　　C 他是我的汉语老师。

●학교 내 주요 장소●

가상의 학교 캠퍼스 지도이다. 학교 내 주요 장소를 중국어로 어떻게 표현하는지 알아보자.

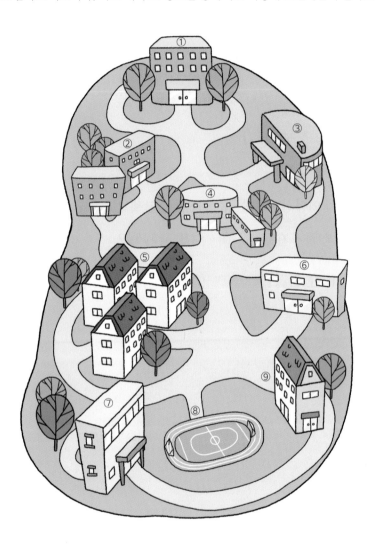

① **图书馆** túshūguǎn 도서관

② **办公楼** bàngōnglóu 행정동

③ **大礼堂** dàlǐtáng 대강당

④ **学生会馆** xuésheng huìguǎn 학생회관

⑤ **宿舍楼** sùshèlóu 기숙사동

⑥ **食堂** shítáng 식당

⑦ **体育馆** tǐyùguǎn 체육관

⑧ **运动场** yùndòngchǎng 운동장

⑨ **教学楼** jiàoxuélóu 강의동

획순에 주의해서 써 보세요.

找 zhǎo	一 十 扌 扌 找 找
位 wèi	丿 亻 亻 位 位 位 位
正 zhèng	一 丁 下 正 正
病 bìng	丶 亠 广 广 疒 疒 疒 病 病 病
假 jià	丿 亻 亻 亻 俨 俨 俨 俨 俨 假 假
会 huì	丿 人 个 今 会 会
转 zhuàn	一 十 车 车 车 轩 转 转
告 gào	丿 亠 牛 牛 告 告 告

你吃过四川菜吗?

너는 쓰촨요리를 먹어 본 적 있니?

회화 099

王诗灵	你下星期三有时间吗?
	Nǐ xià xīngqīsān yǒu shíjiān ma?
金美恩	有,下星期三是公休日。
	Yǒu, xià xīngqīsān shì gōngxiūrì.
王诗灵	晚上咱们一起吃饭,好吗?
	Wǎnshang zánmen yìqǐ chīfàn, hǎo ma?
金美恩	好啊,咱们吃什么呢?
	Hǎo a, zánmen chī shénme ne?
王诗灵	你吃过四川菜吗?
	Nǐ chī guo Sìchuān cài ma?
金美恩	没吃过,听说很辣。
	Méi chī guo, tīngshuō hěn là.

王诗灵	你喜欢吃辣的吗？
	Nǐ xǐhuan chī là de ma?
金美恩	非常喜欢。
	Fēicháng xǐhuan.
王诗灵	那咱们去吃四川火锅吧！
	Nà zánmen qù chī Sìchuān huǒguō ba!
金美恩	太好了！
	Tài hǎo le!
王诗灵	我们下星期三下午六点在学校正门见，怎么样？
	Wǒmen xià xīngqīsān xiàwǔ liù diǎn zài xuéxiào zhèngmén jiàn, zěnmeyàng?
金美恩	好的，不见不散。
	Hǎode, bújiànbúsàn.

새 단어 🎧100

회화

过 guo ❄ ～한 적이 있다

四川 Sìchuān 고유 쓰촨 [지명]

菜 cài 명 요리

下 xià 명 다음

时间 shíjiān 명 시간

公休日 gōngxiūrì 명 공휴일

晚上 wǎnshang 명 저녁

辣 là 형 맵다

火锅 huǒguō 명 훠궈 [중국식 샤브샤브]

正门 zhèngmén 명 정문

不见不散 bújiànbúsàn 만날 때까지 기다리다

주요 표현·실력 확인

颜色 yánsè 명 색, 색깔

衣服 yīfu 명 옷, 의복

白 bái 형 하얗다, 희다

京剧 jīngjù 명 경극 [중국 주요 전통극의 하나]

漫画 mànhuà 명 만화

上海 Shànghǎi 고유 상하이

咸 xián 형 짜다

可惜 kěxī 형 아쉽다, 아깝다

可爱 kě'ài 형 사랑스럽다, 귀엽다

咖啡厅 kāfēitīng 명 커피숍, 카페

门口 ménkǒu 명 입구, 현관

1 的

구조조사 '的'는 명사, 대명사, 형용사, 동사 등과 함께 쓰여 명사를 꾸며 줄 수 있다. 그런데 문장 전후의 의미가 분명할 경우에는 '的' 뒤의 명사를 생략할 수 있다.

예 (1) A 她喜欢什么颜色的衣服?
　　　Tā xǐhuan shénme yánsè de yīfu?

　　 B 她喜欢白的。
　　　Tā xǐhuan bái de.

(2) 他喜欢吃甜的。
　　Tā xǐhuan chī tián de.

(3) 他不喜欢吃苦的。
　　Tā bù xǐhuan chī kǔ de.

颜色 yánsè 명 색, 색깔 | 衣服 yīfu 명 옷, 의복
白 bái 형 하얗다, 희다

바로바로 확인!

주어진 질문에 알맞게 대답해 보세요.

A 我们看几点的电影?

B ＿＿＿＿＿＿＿＿＿＿＿＿＿＿＿＿＿。

2 동태조사 '过'

동태조사 '过'는 동사 뒤에 놓여 '~해 본 적이 있다'라는 표현을 만들어 경험을 나타낼 수 있다. 부정형은 동사 앞에 '没(有)'를 붙여 '没(有)……过'로 표현한다.

(1) A 你看过京剧吗?
　　　Nǐ kàn guo jīngjù ma?

　　 B 我看过京剧。
　　　Wǒ kàn guo jīngjù.

　　 A 你买过漫画书吗?
　　　Nǐ mǎi guo mànhuà shū ma?

　　 B 我买过漫画书。
　　　Wǒ mǎi guo mànhuà shū.

京剧 jīngjù 명 경극 [중국 주요 전통극의 하나] | 漫画 mànhuà 명 만화

(2) A 你去过上海吗?
　　Nǐ qù guo Shànghǎi ma?

B 我没去过上海。
　　Wǒ méi qù guo Shànghǎi.

上海 Shànghǎi 고유 상하이

⫸ 바로바로 확인! ⫷

주어진 질문에 알맞게 대답해 보세요.

A 你喝过中国酒吗?

B ＿＿＿＿＿＿＿＿＿＿＿＿＿＿＿＿ 。

3 太

'太'는 '매우', '대단히'라는 뜻의 부사로, 보통 '了'와 짝을 이뤄 '太……了'의 형식으로 사용한다.

예 (1) 太咸了!
　　Tài xián le!

(2) 太可惜了!
　　Tài kěxī le!

(3) 太可爱了!
　　Tài kě'ài le!

咸 xián 형 짜다 | 可惜 kěxī 형 아쉽다, 아깝다
可爱 kě'ài 형 사랑스럽다, 귀엽다

⫸ 바로바로 확인! ⫷

주어진 문장을 참고하여 대화를 완성해 보세요.

A 下星期不上课。

B ＿＿＿＿＿＿＿＿＿＿＿＿＿＿＿＿ !

4 약속 잡는 표현

'见' 앞에 시간이나 장소를 넣어 약속하는 표현을 만들 수 있다. 시간과 장소가 함께 나올 때는 반드시 시간을 먼저 말하고 장소를 나중에 말한다.

(1) A 咱们几点在哪儿见?
　　　Zánmen jǐ diǎn zài nǎr jiàn?

　　 B 下午两点在咖啡厅见。
　　　Xiàwǔ liǎng diǎn zài kāfēitīng jiàn.

(2) 星期六晚上电影院门口见。
　　Xīngqīliù wǎnshang diànyǐngyuàn ménkǒu jiàn.

咖啡厅 kāfēitīng 몡 커피숍, 카페 | **门口** ménkǒu 몡 입구, 현관

⑴▶ 바로바로 확인! ◀⑴

빈칸에 적절한 표현을 넣어 대화를 완성해 보세요.

A 咱们明天在哪儿见?

B ＿＿＿＿＿＿＿＿＿＿＿＿＿＿＿＿＿见。

1 바꿔서 말해 보세요. 🎧101

(1) 我不喜欢吃 → **辣** 的。
　　　　　　　　苦
　　　　　　　　甜

(2) 你 → **去** 过 → **中国** 吗?
　　　吃　　　　中国菜
　　　喝　　　　中国茶

(3) 太 → **忙** 了!
　　　难
　　　多

2 주어진 문장을 참고하여 대화를 알맞게 완성해 보세요.

(1) A 你吃过中国菜吗?

　　 B ＿＿＿＿＿＿＿＿＿＿＿＿＿＿＿＿＿＿ 。

(2) A 你喜欢吃辣的吗?

　　 B ＿＿＿＿＿＿＿＿＿＿＿＿＿＿＿＿＿＿ 。

(3) A _____ !

B 好的，不见不散。

3 단어를 올바르게 배열하여 문장을 만들어 보세요.

(1) 你　　四川　　过　　吃　　菜　　吗

_____?

(2) 辣的　　喜欢　　你　　吃　　吗

_____?

(3) 星期六　我们　下午　见　在　正门　六点　怎么样　学校

_____?

4 녹음을 듣고 문제를 풀어 보세요.

(1) 녹음을 잘 듣고 질문에 알맞은 답을 골라 보세요. 🎧102

① 美恩、李老师和诗灵要去做什么？

A 吃四川菜　　　　B 做四川菜　　　　C 学习

② 美恩喜欢吃辣的吗?

    A 喜欢   B 不喜欢   C 四川菜

③ 美恩吃过四川菜吗?

    A 吃过   B 没吃过   C 很好吃

④ 她们几点见面?

    A 五点   B 五点半   C 六点

(2) 녹음 내용에 이어질 수 있는 문장을 골라 보세요. 🎧103

  ① A 他有时间。   B 我没有时间。   C 我没吃过。

  ② A 我没去过中国。   B 我吃过。   C 我喜欢吃辣的。

  ③ A 我喜欢吃辣的。   B 我没吃过。   C 好的。

● 중국의 4대 요리 ●

중국은 넓은 영토와 다양한 기후로 인해 지역별로 특색있고 다채로운 요리가 발달하였다.

베이징 요리

베이징은 오랜 기간 수도였던 이유로 많은 궁중 요리가 발달하였다. 강한 화력을 사용해 짧은 시간에 조리하는 튀김 요리나 볶음 요리가 많으며, 기름기가 많은 것이 특징이다. 우리에게 잘 알려진 베이징 카오야는 황제가 즐겨먹던 궁중 요리였다고 한다.

상하이 요리

상하이는 바다와 인접해 있어 해산물을 재료로 한 요리가 발달하였다. 설탕과 간장을 많이 사용하여 음식이 대체적으로 달고 맛이 진하다.

광둥 요리

광둥은 예전부터 외국과의 교류가 활발했기 때문에 서양 요리법이 결합된 음식이 많다. 다양한 음식 재료를 풍부하게 활용했다는 특징이 있다.

쓰촨 요리

쓰촨은 중국의 대표적인 더운 지방이다. 따라서 향신료뿐만 아니라 고추, 마늘, 양파를 많이 사용한다는 특징이 있으며, 매운 요리가 유명하다.

획순에 주의해서 써 보세요.

时 shí

丨 冂 冂 日 旷 时 时

间 jiān

丶 冂 门 门 问 间 间

晚 wǎn

丨 冂 冂 日 旷 旷 眇 晚 晚 晚

上 shàng

丨 卜 上

过 guò

一 寸 寸 寸 讨 过

菜 cài

一 十 艹 艹 艹 芦 苹 菜 菜

辣 là

丶 立 立 立 辛 辛 辛 辨 辨 辣 辣

咸 xián

一 厂 厂 厂 咸 咸 咸 咸 咸

第20课 복습

단어 회화에서 배웠던 단어를 성조에 유의해서 읽어 보세요. 🎧104

- 제1성 　啊 a ｜ 过 guo
- 제2성 　离 lí ｜ 能 néng ｜ 没 méi
- 제3성 　远 yuǎn ｜ 比 bǐ ｜ 找 zhǎo
- 제4성 　坐 zuò ｜ 线 xiàn ｜ 站 zhàn ｜ 在 zài ｜ 下 xià ｜ 就 jiù ｜ 喂 wèi
　　　　　会 huì ｜ 菜 cài ｜ 辣 là ｜ 这儿 zhèr

- 제1성+제1성 　听说 tīngshuō ｜ 参加 cānjiā
- 제1성+제2성 　东门 dōngmén ｜ 非常 fēicháng
- 제1성+제4성 　周末 zhōumò ｜ 机会 jīhuì ｜ 开会 kāihuì

- 제2성+경성 　咱们 zánmen
- 제2성+제1성 　时间 shíjiān
- 제2성+제2성 　长城 Chángchéng
- 제2성+제4성 　不太 bútài

- 제3성+경성 　晚上 wǎnshang
- 제3성+제2성 　好玩儿 hǎowánr
- 제3성+제4성 　以后 yǐhòu ｜ 请假 qǐngjià ｜ 比赛 bǐsài ｜ 转告 zhuǎngào

- 제4성+경성 　热闹 rènao
- 제4성+제1성 　下周 xiàzhōu ｜ 四川 Sìchuān
- 제4성+제2성 　正门 zhèngmén
- 제4성+제3성 　地铁 dìtiě
- 제4성+제4성 　附近 fùjìn ｜ 正在 zhèngzài ｜ 病假 bìngjià

- 제1성+제1성+제1성 　公交车 gōngjiāochē
- 제2성+제4성+제2성 　没问题 méi wèntí
- 제3성+경성+제4성 　怎么样 zěnmeyàng
- 제4성+제1성+제4성 　办公室 bàngōngshì

- **위치 묻기**

  A 红桥市场在哪儿?

  B 在天坛公园附近。

- **주말에 한 일 묻기**

  A 你周末去哪儿了?

  B 我和保罗去天坛公园了。

- **전화 걸기**

  A 请问，是中文系办公室吗?

  B 是的，您找哪位?

- **경험 묻기**

  A 你吃过四川菜吗?

  B 没吃过，听说很辣。

- **거리 묻기**

  A 离这儿远吗?

  B 不远，大概八站。

- **비교하기**

  A 听说颐和园比天坛公园还大。

  B 是的，天坛公园没有颐和园大。

- **전화 표현**

  A 我会转告他的。

  B 谢谢您!

- **약속 잡기**

  A 我们星期六下午六点在学校正门见，怎么样?

  B 好的，不见不散。

16과 明天我和保罗要去红桥市场。红桥市场在天坛公园附近，离学校不远，大概八站。

保罗不想坐公交车，我们坐地铁五号线，在天坛东门站下。

18과 今天我要请假，因为我明天要参加比赛，不能去上课。

我打电话找李老师，李老师正在开会，不能接电话。

接电话的老师会转告李老师的。

17과 周末我和保罗去天坛公园了。天坛公园很好玩儿，人也很多，挺热闹的。

我听说颐和园比天坛公园还大，以后有机会我也想去。

下周我要和王诗灵一起去长城。

19과 下星期三晚上我和王诗灵要一起去吃四川火锅。我没吃过四川火锅，听说很辣。

我很想吃四川菜，因为我非常喜欢吃辣的。我们下星期三下午六点在学校正门见。

1 在

'在'가 동사로 쓰일 때는 '~에 있다'라는 뜻으로, '在+장소'의 형식으로 사용한다.

地铁站在哪儿?
Dìtiězhàn zài nǎr?

我在学校。
Wǒ zài xuéxiào.

2 '坐'와 '骑'

'坐'가 교통수단과 함께 쓰이면 '~을 타다'라는 뜻을 나타낸다. 오토바이나 자전거처럼 기마자세로 타는 교통수단에는 '骑'를 사용한다.

坐公交车
zuò gōngjiāochē

坐飞机
zuò fēijī

骑自行车
qí zìxíngchē

骑摩托车
qí mótuōchē

3 别……了

'别……'는 '~하지 마라'라는 뜻이다. 명령의 의미를 갖고 있는 '别+동사' 표현과 달리 '别'가 어기조사 '了'와 함께 쓰이면 '(하던 일을) 그만 하라'라는 의미로 비교적 완곡한 어기를 나타낸다.

别坐公交车了。
Bié zuò gōngjiāochē le.

别去网吧了。
Bié qù wǎngbā le.

4 离

전치사 '离'는 '~에서', '~로부터'라는 뜻으로, 기준이 되는 장소 또는 시간 앞에 놓여 공간적 거리나 시간적 거리를 나타낼 수 있다.

超市离我家不远。
Chāoshì lí wǒ jiā bù yuǎn.

我家离学校很远。
Wǒ jiā lí xuéxiào hěn yuǎn.

5 了

어기조사 '了'는 문장 끝에 놓여 과거에 어떤 일이 이미 발생하였음을 나타낼 수 있다. 부정형은 동사 앞에 '没'를 붙이고, 이때는 문장 끝에 '了'를 붙이지 않는다.

我喝咖啡了。(긍정)
Wǒ hē kāfēi le.

我没喝咖啡。(부정)
Wǒ méi hē kāfēi.

6 挺……的

'挺'은 '매우', '상당히'라는 뜻으로, 술어 앞에서 정도를 강조하는 정도부사이다. 주관적인 정도를 나타낼 때 쓰인다.

英语挺难的。
Yīngyǔ tǐng nán de.

美恩挺漂亮的。
Měi'ēn tǐng piàoliang de.

7 不太

'不太'는 '그다지 ~하지 않다'라는 뜻으로, 부정의 의미를 완곡하게 나타낸다.

不太忙。
Bútài máng.

不太多。
Bútài duō.

8 比

개사 '比'를 사용해 두 대상의 성질이나 특징 또는 정도의 차이를 비교할 수 있다. 'A+比+B+술어(형용사)'의 형식으로 쓰는데, 이때 술어는 비교의 결과를 나타낸다. 술어 앞에 부사 '还', '更'을 써서 차이의 정도를 강조할 수 있지만 '很', '太' 등의 정도부사는 쓸 수 없다. 부정형은 'A+没有+B+술어(형용사)'의 형식으로 나타내며 'A는 B만큼 못하다'라는 뜻이다.

我比她漂亮。
Wǒ bǐ tā piàoliang.

她没有我漂亮。
Tā méiyǒu wǒ piàoliang.

9 正在

동사 앞에 부사 '正在', '正', '在' 중 하나를 붙이거나 문장 끝에 '呢'를 놓아서 동작의 진행을 나타낼 수 있다.

美恩正在看电影呢。
Měi'ēn zhèngzài kàn diànyǐng ne.

他正学习呢。
Tā zhèng xuéxí ne.

10 能

조동사 '能'은 시간이나 능력상 객관적으로 가능한 조건을 갖추고 있음을 의미한다. 부정표현은 '不能'이다.

我明天没有课，能回家。
Wǒ míngtiān méiyǒu kè, néng huíjiā.

今天我作业非常多，不能去看电影。
Jīntiān wǒ zuòyè fēicháng duō, bùnéng qù kàn diànyǐng.

11 연동문

하나의 문장에 두 개 이상의 동사가 연이어 출현하는 문장을 '연동문'이라고 한다. 이때 동사 또는 동사구는 시간의 순서에 따라 나열한다.

姐姐去电影院看电影。
Jiějie qù diànyǐngyuàn kàn diànyǐng.

姐姐去看电影。
Jiějie qù kàn diànyǐng.

12 的

구조조사 '的'는 관형어와 중심어를 연결시키는 역할을 한다. 그런데 문장 전후의 의미가 분명할 경우에는 '的' 뒤의 중심어를 생략할 수 있다.

A 她喜欢什么颜色的衣服？
　 Tā xǐhuan shénme yánsè de yīfu?

B 她喜欢白的。
　 Tā xǐhuan bái de.

13 过

동태조사 '过'는 동사 뒤에 놓여 '~해 본 적이 있다'는 표현을 만들어 경험을 나타낸다. 부정형은 동사 앞에 '没(有)'를 붙여 '没(有)……过'로 표현한다.

A 你吃过中国菜吗?
　Nǐ chī guo Zhōngguó cài ma?

B 我吃过中国菜。
　Wǒ chī guo Zhōngguó cài.

A 你去过中国吗?
　Nǐ qù guo Zhōngguó ma?

B 我没去过中国。
　Wǒ méi qù guo Zhōngguó.

14 太

'太'는 '매우', '대단히'라는 뜻의 부사로, 보통 '了'와 짝을 이뤄 '太……了'의 형식으로 사용한다.

太好吃了!
Tài hǎochī le!

太可惜了!
Tài kěxī le!

MEMO

부록

본문 해석

제1과 안녕하세요!

❶

김미은	안녕!
저우원빈	안녕!

김, 저우	이 선생님, 안녕하세요!
이 선생님	얘들아, 안녕!

- - - - - - - -

김미은	고마워!
저우원빈	천만에.

왕스링	미안해!
박영준	괜찮아.

❷

선생님	여러분, 안녕!
학생들	선생님, 안녕하세요!
선생님	지금 수업할게요!

- - - - - - - -

선생님	수업 마칠게요!
학생들	감사합니다, 선생님!
선생님	여러분, 잘 가요!
학생들	선생님, 안녕히 계세요!

제2과 너는 유학생이니?

❶

이 선생님	너는 유학생이니?
박영준	저는 유학생이에요.
이 선생님	그도 유학생이니?
박영준	네. 우리는 모두 유학생이에요.

❷

이 선생님	너는 어느 나라 사람이니?
김미은	저는 한국인이에요.
이 선생님	그도 한국인이니?
김미은	그는 한국인이 아니에요. 그는 영국인이에요.

제3과 네 이름은 무엇이니?

❶

이 선생님	안녕, 네 이름은 무엇이니?
김미은	선생님, 안녕하세요! 제 이름은 김미은이에요.
이 선생님	저 학생은?
김미은	그의 이름은 저우원빈이에요.

❷

이 선생님	중국어는 어렵니?
김미은	중국어는 어렵지 않아요.
이 선생님	숙제가 많니?
김미은	숙제는 많아요.

제4과 너 어디 가니?

❶

저우원빈	너 어디 가니?
박영준	나는 도서관에 가.
저우원빈	미은아, 너도 도서관에 가니?
김미은	나는 도서관에 안가. 나는 식당에 가.
저우원빈	나도 식당에 가. 우리 같이 가자!

❷

저우원빈	너는 뭐 먹니?

김미은	나는 만두를 먹어. 너는?
저우원빈	나는 볶음밥을 먹어.
	너 무엇을 마시니?
김미은	나는 콜라를 마셔.
저우원빈	나도 콜라를 마셔.

제6과 너는 무엇을 마시고 싶니?

❶

왕스링	바울아, 너는 무엇을 마시고 싶니?
바울	나는 커피를 마시고 싶어. 너는?
왕스링	나는 녹차를 마시고 싶어.
바울	너는 커피 마시는 것을 안 좋아하니?
왕스링	나는 커피 마시는 것을 좋아하지 않아.

❷

바울	너는 무슨 차 마시는 것을 좋아하니?
왕스링	나는 롱징차 마시는 것을 좋아해.
바울	롱징차는 맛있니?
왕스링	맛있어.
바울	그럼 오늘 나도 롱징차를 마셔야겠다.

제7과 이것은 무엇이니?

❶

박영준	이것은 무엇이니?
바울	이것은 중국어책이야.
박영준	저것은 무슨 책이니?
바울	저것은 영어책이야.
박영준	이것들은 누구의 잡지니?
바울	이것들은 나의 잡지야.

❷

박영준	너 연필 있니?
왕스링	나는 없어.
박영준	미은아, 너 연필 있니?
김미은	나도 없어.
박영준	누가 연필 가지고 있니?
바울	우리 모두 없어.

제8과 오늘은 몇 월 며칠이니?

❶

김미은	오늘은 몇 월 며칠이니?
왕스링	오늘은 9월 11일이야.
김미은	무슨 요일이니?
왕스링	화요일이야.
김미은	추석은 토요일이지?
왕스링	토요일 아니야. 금요일이야.

❷

김미은	오늘은 목요일이니 아니면 금요일이니?
왕스링	오늘은 목요일이야.
김미은	내일은 수업 안 하지?
왕스링	수업 안 해. 내일은 추석이야.
김미은	그러면 너는 언제 집에 가?
왕스링	나는 오늘 오후에 집에 가.

제9과 너는 오늘 오후에 수업이 있니?

❶

박영준	너 오늘 오후에 수업이 있니?
저우원빈	있어. 5교시, 6교시에 수업이 있어.
박영준	몇 시에 수업해?
저우원빈	2시 반에 해.

| 박영준 | 지금 몇 시야? |
| 저우원빈 | 2시 5분 전이야. |

❷

저우원빈	너 내일 수업 몇 개 있어?
김미은	나는 내일 오전에 수업 두 개가 있고, 오후에 세 개가 있어.
저우원빈	오후 몇 시에 수업이 끝나?
김미은	대략 5시 15분쯤에 수업이 끝나.
저우원빈	수업 끝나고 같이 영화 보러 갈래?
김미은	미안해. 나 6시에 다른 일이 있어.

제11과 너는 올해 몇 살이니?

왕스링	너희 집은 식구가 몇 명이니?
박영준	우리 집 식구는 다섯 명이야.
왕스링	누구누구 있어?
박영준	아빠, 엄마, 형, 동생 그리고 나야. 너희 집은?
왕스링	우리 집은 세 식구야. 나는 외동딸이야.
박영준	너는 올해 몇 살이니?
왕스링	나는 올해 20살이고, 호랑이띠야. 너는?
박영준	나는 19살이고, 토끼띠야.
왕스링	그러면 너희 부모님은 연세가 어떻게 되시니?
박영준	우리 아빠는 56세이시고, 엄마는 53세이셔.

제12과 네 아버지는 어디서 일하시니?

저우원빈	이것은 무엇이니?
박영준	이것은 우리 집 가족사진이야.
저우원빈	나 봐도 돼?
박영준	당연히 되지. 여기는 우리 아빠고, 여기는 우리 엄마야.
저우원빈	너희 아버지 정말 젊으시다! 무슨 일 하시니?

박영준	회사에서 일하시고, 사장님이셔.
저우원빈	그럼 너희 어머니는 무슨 일을 하시니?
박영준	엄마는 초등학교 선생님이셔.
저우원빈	여기는 네 형이야 아니면 네 동생이야?
박영준	내 형이야. 그는 의사야.

제13과 제가 소개할게요.

김미은	이 선생님, 안녕하세요! 오랜만에 뵙네요!
이 선생님	미은아, 안녕!
김미은	이 선생님, 제가 소개할게요. 이쪽은 제 친구 바울이에요. 바울, 이쪽은 우리 중국어 선생님이셔.
바울	선생님, 안녕하세요! 만나 뵙게 되어 기뻐요. 저는 바울이라고 하고, 미국에서 왔어요. 저도 베이징대학교에서 공부하고 있어요.
이 선생님	안녕, 바울! 너는 전공이 뭐니?
바울	제 전공은 역사예요.
이 선생님	너는 왜 역사를 공부하고 있니?
바울	왜냐하면 중국의 역사는 유구하고, 중국 역사에 관심이 많기 때문이에요.

제14과 사과 한 근에 얼마예요?

상점 주인	학생, 무엇을 사려고 해요?
저우원빈	저는 사과를 사려고 해요. 사장님, 사과는 한 근에 얼마예요?
상점 주인	한 근에 3. 5위안이고, 세 근에 10위안이에요.
저우원빈	(사과가) 신가요?
상점 주인	전혀 안 셔요. 한번 맛봐요.
저우원빈	정말 달아요. 세 근 주세요.
상점 주인	또 필요한 거는 없어요?
저우원빈	배는 어떻게 파세요?
상점 주인	한 근에 5위안이에요.
저우원빈	두 근 주세요. 모두 합해서 얼마예요?

상점 주인	20위안이요.
저우원빈	네.

제16과 홍챠오시장은 어디에 있니?

김미은	내일 나는 홍챠오시장 가려고 하는데, 우리 같이 갈래?
바울	좋아. 홍챠오시장은 어디에 있어?
김미은	천단공원 근처에 있어.
바울	우리 어떻게 가?
김미은	우리 버스 타고 가자.
바울	버스 타지 말고, 지하철 타고 가는 거 어때?
김미은	그래.
바울	몇 호선을 타지?
김미은	지하철 5호선을 타서, 천단동문역에서 내리면 돼.
바울	여기에서 머니?
김미은	멀지 않아. 대략 8 정거장 정도야.

제17과 너는 주말에 어디 갔었니?

왕스링	너 주말에 어디 갔었니?
김미은	나는 바울하고 천단공원에 갔었어.
왕스링	천단공원은 재밌었니?
김미은	사람이 너무 많았고, 시끌벅적했어. 너는 주말에 어디 갔었니?
왕스링	나는 이화원에 갔었어.
김미은	이화원은 머니?
왕스링	별로 멀지 않아. 바로 우리 학교 근처야.
김미은	듣기로는 이화원이 천단공원보다 더 크다던데.
왕스링	응. 천단공원은 이화원만큼 크지 않지.
김미은	다음에 기회가 되면 나도 가야겠다. 맞다, 다음 주에 나 만리장성 가려고 하는데, 우리 같이 가는 거 어때?
왕스링	좋아. 괜찮아.

제18과 말씀 좀 여쭐게요. 중문과 사무실인가요?

김미은	여보세요. 말씀 좀 여쭐게요. 중문과 사무실인가요?
선생님	네. 어떤 분을 찾나요?
김미은	이 선생님 계신가요?
선생님	이 선생님은 지금 회의 중이세요. 누구시죠?
김미은	저는 김미은이라고 합니다. 이 선생님의 학생인데, 결석을 신청하려고요.
선생님	병가인가요?
김미은	아니에요. 저는 내일 시합에 참가해야 해서, 수업에 갈 수 없어요.
선생님	알겠어요. 내가 전달할게요.
김미은	감사합니다!
선생님	천만에요. 안녕히 계세요.
김미은	안녕히 계세요.

제19과 너는 쓰촨요리를 먹어 본 적 있니?

왕스링	너 다음 주 수요일에 시간 있니?
김미은	있어. 다음 주 수요일은 공휴일이야.
왕스링	저녁에 우리 같이 저녁 먹을래?
김미은	좋아. 우리 뭐 먹을까?
왕스링	너 쓰촨요리 먹어 본 적 있어?
김미은	먹어 본 적 없어. 듣기로는 매우 맵다던데.
왕스링	너 매운 음식 먹는 거 좋아해?
김미은	정말 좋아해.
왕스링	그럼 우리 같이 쓰촨 훠궈 먹으러 가자!
김미은	좋아!
왕스링	우리 다음 주 수요일 오후 여섯 시에 학교 정문에서 만나자. 어때?
김미은	좋아. 꼭 만나자.

정답 및 녹음 대본

第1课 你好!

3

녹음 대본

(1) A 你好!
   B 你好!

(2) A 李老师，您好!
   B 你们好!

(3) A 下课!
   B 谢谢老师!
   A 同学们，再见!
   B 李老师，再见!

第2课 你是留学生吗?

3

녹음 대본

(1) A 你是留学生吗?
   B 我是留学生。

(2) A 他也是韩国人吗?
   B 他不是韩国人，他是中国人。

第3课 你叫什么名字?

3

(1) 汉语难吗?
(2) 他叫什么名字?

4

녹음 대본

(1) A 你叫什么名字?
   B 我叫金美恩。
   A 他呢?
   B 他叫周文彬。

(2) A 汉语难吗?
   B 汉语不难。
   A 作业多吗?
   B 作业很多。

第4课 你去哪儿?

3

(1) 我们一起去吧!
(2) 我也喝可乐。

4

녹음 대본

(1) A 你去哪儿?
   B 我去食堂。你呢?
   A 我也去食堂。
   B 我们一起去吧!

(2) A 你吃什么?
   B 我吃饺子，你呢?
   A 我吃炒饭。

第6课 你想喝什么?

3

(1) 你想喝什么?

(2) 他不喜欢喝咖啡。

(3) 龙井茶好喝吗?

4

녹음 대본

A 你喜欢喝什么?

B 我喜欢喝茶。

A 你喜欢喝什么茶?

B 我喜欢喝龙井茶。

A 龙井茶好喝吗?

B 很好喝。

第7课 这是什么?

3

(1) 这些是谁的杂志?

(2) 你有没有手机?

(3) 我们都没有铅笔。

(4) 那是什么书?

4

녹음 대본

A 这是什么?

B 这是汉语书。

A 那是什么书?

B 那是英语书。

A 这些是谁的杂志?

B 这些是我的杂志。

第8课 今天几月几号?

3

(1) 今天几月几号?

(2) 明天星期四还是星期五?

(3) 后天星期几?

4

녹음 대본

(1) A 今天几月几号?

B 九月二十八号。

A 星期几?

B 星期四。

A 国庆节是星期六吧?

B 不是星期六,是星期天。

(2) A 今天星期四还是星期五?

B 星期五。

A 明天不上课吧?

B 不上课,明天是星期六。

A 你什么时候回家?

B 我明天回家。

第9课 你今天下午有课吗?

3

(1) 现在几点?

(2) 明天你有几节课?

(3) 你下午几点下课?

4

녹음 대본

(1) A 你<u>今天下午</u>有课吗？

B 有。

A 你<u>几点</u>上课？

B <u>两点一刻</u>。

A 现在几点？

B <u>一点半</u>。

(2) A 你明天有<u>几节课</u>？

B 我明天上午有<u>两节课</u>，
下午有<u>三节课</u>。

A 你下午<u>几点下课</u>？

B 大概<u>五点一刻</u>下课。

A 下课以后<u>一起吃饭，好吗</u>？

B 不好意思，我六点还有事儿。

第11课 **你今天多大？**

3

(1) 他家有几口人？

(2) 家里有爸爸、妈妈、一个弟弟和我。

(3) 你奶奶今年多大年纪？

(4) 我弟弟属虎。

4

(1) ① C ② B ③ A

(2) ① × ② × ③ O

녹음 대본

(1) ① 你家有几口人？

② 你爸爸多大年纪？

③ 你家里都有什么人？

(2) 李老师家有四口人。他有一个弟弟。
他弟弟今年二十岁，属虎。他是学生。

第12课 **你爸爸在哪儿工作？**

3

(1) 我妹妹在北京大学学习。

(2) 妈妈在医院工作。

(3) 我们休息吧。

(4) 我可以看一看你们家的全家福吗？

4

(1) ① A ② B ③ C

(2) ① × ② O ③ ×

녹음 대본

(1) ① 你妈妈在哪儿工作？

② 我可以看看你家的全家福吗？

③ 你在哪儿吃饭？

(2) 我妈妈在公司工作，是经理。
我爸爸在学校工作，是老师。
我是学生。

第13课 **我来介绍一下**

3

(1) 保罗学什么专业？

(2) 我来问一下老师。

(3) 李老师对音乐很感兴趣。

(4) 他为什么不喜欢喝咖啡？

4

(1) ① B ② A ③ C

(2) ① ○ ② × ③ ×

녹음 대본

(1) ① 你的专业是什么?

② 我来介绍一下。

③ 你为什么学习汉语?

(2) 我来介绍一下，这是我的朋友金美恩。她来自韩国。她在北京大学学习汉语。因为她很喜欢中国，对汉语很感兴趣。

第14课 苹果多少钱一斤?

3

(1) 苹果一点儿也不酸。

(2) 你要买什么?

(3) 一共多少钱?

(4) 还要别的吗?

4

(1) ① × ② ○ ③ ○

(2) ① C ② A ③ C

녹음 대본

(1) A 你要买什么?

B 我要买苹果。苹果多少钱一斤?

A 五块五一斤，二十块钱四斤。

B 酸不酸?

A 一点儿也不酸，你尝一下。

B 很甜，我要四斤。

A 还要别的吗?

B 梨怎么卖?

A 七块钱一斤。

B 我要两斤。一共多少钱?

A 三十四。

B 好的。

(2) 今天我去超市买苹果，苹果三块五一斤，我买了三斤，一共十块零五毛。苹果一点儿也不酸，很好吃。我还买了两斤梨，梨也很甜。

第16课 红桥市场在哪儿?

3

(1) 公交车站离这儿远吗?

(2) 天坛公园在红桥市场附近。

(3) 地铁站在哪儿?

4

(1) ① ○ ② × ③ ○ ④ ×

(2) ① A ② B ③ B

녹음 대본

(1) 金美恩明天要去天坛公园，朴永俊也一起去。天坛公园离红桥市场不远，离学校很远。他们明天要坐公交车去。

(2) ① 天坛公园在哪儿?

② 红桥市场怎么去?

③ 你家离学校远吗?

第17课　你周末去哪儿了？

3

(1) 听说颐和园比天坛公园还大。

(2) 咱们一起去，怎么样？

(3) 颐和园在我们学校附近。

(4) 周末你去哪儿了？

4

(1) ① ○　　② ×　　③ ×

(2) ① A　　② C　　③ A

녹음 대본

(1) A 你周末去哪儿了？

　　B 我去颐和园了。

　　A 颐和园远吗？

　　B 不太远，就在我们学校附近。

　　A 听说颐和园比天坛公园还大。

　　B 是的，天坛公园没有颐和园大。

　　A 以后有机会我也去。对了，下周六我
　　　要去长城。咱们一起去，怎么样？

　　B 不好意思，星期六我有事儿。
　　　星期天怎么样？

　　A 好的，没问题。

(2) 昨天我和朋友去天坛公园了。
　　天坛公园很大，人很多，很热闹。
　　听说颐和园比天坛公园还大。
　　我想以后有机会去看看。

第18课　请问，是中文系办公室吗？

3

(1) 李老师正在上课呢。

(2) 我明天要参加比赛。

(3) 明天我不能去上课。

(4) 我会转告他的。

4

(1) ① ×　　② ○　　③ ×　　④ ×

(2) ① C　　② A

녹음 대본

(1) A 请问，是中文系办公室吗？

　　B 是的，您找哪位？

　　A 李老师在吗？

　　B 他正在上课，您是哪位？

　　A 我是朴永俊，是李老师的学生。
　　　我明天想请假。

　　B 是病假吗？

　　A 是的。

　　B 好的，我会转告他的。

　　A 谢谢您！

　　B 不客气。再见！

　　A 再见！

(2) ① 请问，是中文系办公室吗？
　　② 李老师在吗？

第19课 **你吃过四川菜吗?**

3

(1) 你吃过四川菜吗?

(2) 你喜欢吃辣的吗?

(3) 我们星期六下午六点在学校正门见，
怎么样?

4

(1) ① A   ② A   ③ B   ④ A

(2) ① B   ② B   ③ C

녹음 대본

(1) 星期天李老师、诗灵和美恩要去吃四川
菜。四川菜很辣，美恩很喜欢吃辣的，
李老师和诗灵也很喜欢吃辣的。
美恩没吃过四川菜，李老师和诗灵很喜
欢吃四川菜。他们五点在学校正门见。

(2) ① 你今天下午有时间吗?

② 你吃过中国菜吗?

③ 晚上咱们一起吃饭，好吗?

단어 색인

电影	diànyǐng	47(4)
电影院	diànyǐngyuàn	169(19)
东门	dōngmén	149(16)
都	dōu	27(2)
独生女	dúshēngnǚ	103(11)
读书	dúshū	59(6)
堵车	dǔchē	123(13)
对	duì	123(13)
对不起	duìbuqǐ	17(1)
对了	duì le	159(17)
多	duō	37(3)
多大	duō dà	103(11)
多少	duōshao	133(14)

E

| 儿子 | érzi | 103(11) |
| 耳机 | ěrjī | 67(7) |

F

方便面	fāngbiànmiàn	169(18)
放假	fàngjià	149(16)
非常	fēicháng	169(18)
分	fēn	87(9), 133(14)
父母	fùmǔ	103(11)
附近	fùjìn	149(16)

G

感兴趣	gǎnxìngqù	123(13)
高兴	gāoxìng	123(13)
高中	gāozhōng	113(12)

哥哥	gēge	103(11)
个	gè	87(9)
更	gèng	159(17)
工作	gōngzuò	113(12)
公交车	gōngjiāochē	149(16)
公休日	gōngxiūrì	179(19)
公司	gōngsī	113(12)
公务员	gōngwùyuán	113(12)
贵姓	guìxìng	37(3)
国	guó	27(2)
国际贸易	guójì màoyì	123(13)
国庆节	Guóqìngjié	77(8)
过	guo	179(19)

H

还	hái	87(9), 159(17)
还是	háishi	77(8)
韩国	Hánguó	27(2)
汉语	Hànyǔ	37(3)
汉字	Hànzì	37(3)
好	hǎo	17(1)
好喝	hǎohē	59(6)
好久不见	hǎojiǔbújiàn	123(13)
好看	hǎokàn	59(6)
好玩儿	hǎowánr	159(17)
号	hào	77(8), 149(16)
喝	hē	47(4)
和	hé	103(11)
很	hěn	37(3)
红桥市场	Hóngqiáo Shìchǎng	149(16)
猴	hóu	103(11)
后天	hòutiān	77(8)
虎	hǔ	103(11)

한어병음 자모 배합표

	a	o	e★	i(-i)	u	ü	ai	ao	an	ang	ou	ong	ei★	en★	eng★	er	ia
b	ba	bo		bi	bu		bai	bao	ban	bang			bei	ben	beng		
p	pa	po		pi	pu		pai	pao	pan	pang	pou		pei	pen	peng		
m	ma	mo	me	mi	mu		mai	mao	man	mang	mou		mei	men	meng		
f	fa	fo			fu				fan	fang	fou		fei	fen	feng		
d	da		de	di	du		dai	dao	dan	dang	dou	dong	dei	den	deng		
t	ta		te	ti	tu		tai	tao	tan	tang	tou	tong			teng		
n	na		ne	ni	nu	nü	nai	nao	nan	nang	nou	nong	nei	nen	neng		
l	la		le	li	lu	lü	lai	lao	lan	lang	lou	long	lei		leng		lia
g	ga		ge		gu		gai	gao	gan	gang	gou	gong	gei	gen	geng		
k	ka		ke		ku		kai	kao	kan	kang	kou	kong	kei	ken	keng		
h	ha		he		hu		hai	hao	han	hang	hou	hong	hei	hen	heng		
j				ji		ju											jia
q				qi		qu											qia
x				xi		xu											xia
zh	zha		zhe	zhi	zhu		zhai	zhao	zhan	zhang	zhou	zhong	zhei	zhen	zheng		
ch	cha		che	chi	chu		chai	chao	chan	chang	chou	chong		chen	cheng		
sh	sha		she	shi	shu		shai	shao	shan	shang	shou		shei	shen	sheng		
r			re	ri	ru			rao	ran	rang	rou	rong		ren	reng		
z	za		ze	zi	zu		zai	zao	zan	zang	zou	zong	zei	zen	zeng		
c	ca		ce	ci	cu		cai	cao	can	cang	cou	cong		cen	ceng		
s	sa		se	si	su		sai	sao	san	sang	sou	song		sen	seng		
성모가 없을 때	a	o	e	yi	wu	yu	ai	ao	an	ang	ou		ei	en	eng	er	ya

운모 'ü'가 성모 'j', 'q', 'x'와 결합할 때 각각 'ju', 'qu', 'xu'로 표기한다.

'i'의 발음은 우리말 '으' 발음과 유사한데, 구강의 앞부분에서 발음하도록 한다.

운모 'i', 'u', 'ü'가 성모 없이 단독으로 쓰일 때 각각 'yi', 'wu', 'yu'로 표기한다.

★ 주의해야 할 발음

- 'e'가 성모와 결합할 때는 [ɤ]로 발음한다.
- 'ei'의 'e'는 [e]로 발음한다.
- 'en'과 'eng'의 'e'는 [ə]로 발음한다.

iao	iou(iu)★	ian★	in	iang	ing	iong	ua	uo	uai	uei(ui)★	uan★	uen(un)	uang	ueng	üe★	üan	ün
biao		bian	bin		bing												
piao		pian	pin		ping												
miao	miu	mian	min		ming												
diao	diu	dian			ding			duo		dui	duan	dun					
tiao		tian			ting			tuo		tui	tuan	tun					
niao	niu	nian	nin	niang	ning			nuo			nuan				nüe		
liao	liu	lian	lin	liang	ling			luo			luan	lun			lüe		
							gua	guo	guai	gui	guan	gun	guang				
							kua	kuo	kuai	kui	kuan	kun	kuang				
							hua	huo	huai	hui	huan	hun	huang				
jiao	jiu	jian	jin	jiang	jing	jiong									jue	juan	jun
qiao	qiu	qian	qin	qiang	qing	qiong									que	quan	qun
xiao	xiu	xian	xin	xiang	xing	xiong									xue	xuan	xun
							zhua	zhuo	zhuai	zhui	zhuan	zhun	zhuang				
							chua	chuo	chuai	chui	chuan	chun	chuang				
							shua	shuo	shuai	shui	shuan	shun	shuang				
							rua	ruo		rui	ruan	run					
								zuo		zui	zuan	zun					
								cuo		cui	cuan	cun					
								suo		sui	suan	sun					
yao	you	yan	yin	yang	ying	yong	wa	wo	wai	wei	wan	wen	wang	weng	yue	yuan	yun

표기 주석

- 'uei', 'uen'이 성모와 결합할 때 각각 'ui', 'un'으로 표기한다.
- 'ü'가 'j', 'q', 'x'와 결합할 때 'u'로 표기한다.
- 'iou'가 성모와 결합할 때 'iu'로 표기한다.
- 'i'가 음절의 첫 글자로 쓰일 때 'y'로 표기한다.
- 'ü'가 음절의 첫 글자로 쓰일 때 'yu'로 표기한다.
- 'u'가 음절의 첫 글자로 쓰일 때 'w'로 표기한다.

- 'ie'의 'e'는 [ɛ]로 발음한다.
- 'ian'의 'a'는 [æ] 혹은 [ɛ]로 발음한다.
- 'uei'의 'e'는 [e]로 발음한다.
- 'üan'의 'an'은 [æn]으로 발음한다.
- 'üe'의 'e'는 [ɛ]로 발음한다.
- ※ [ ] 안의 음가는 국제음성기호(IPA)를 따름

기)본)탄)탄) 으뜸 중국어

지은이 崔穎·张舒·谭淑骞·佟鑫·隋雨竹·李继征
펴낸이 정규도
펴낸곳 (주)다락원

초판 1쇄 인쇄 2018년 11월 16일
초판 1쇄 발행 2018년 11월 23일

편집 김혜민, 이상윤, 정아영
디자인 박나래, 김나경

다락원 경기도 파주시 문발로 211
내용문의: (02)736-2031 내선 430~439
구입문의: (02)736-2031 내선 250~252
Fax: (02)732-2037
출판등록 1977년 9월 16일 제406-2008-000007호

가격 15,000원(MP3 무료 다운로드)
ISBN 978-89-277-2246-5 13720

http://www.darakwon.co.kr
다락원 홈페이지를 방문하시면 상세한 출판정보와 함께 동영상강좌, MP3자료
등 다양한 어학 정보를 얻으실 수 있습니다.